きみと行く満天の星の彼方へ
清涼院流水

装丁　藤原夕貴
装画　しまざきジョゼ

きみと行く
満天の星の彼方へ

清涼院流水

本書のTOEIC L&Rテストに関する情報は、2019年11月時点のものです。

Chapter 2

TOEICが始まる

Chapter 3

英単語と英文法の学習

Chapter 4

Chapter 5

Chapter 10

Epilogue

Prologue

学習を始める時

プロローグ　学習を始める時

H1　遅すぎた誘惑

きっかけは、1枚のバナー広告だった。

連日の残業で、パソコンのディスプレイを毎日何時間も凝視し続けているオレの両目は疲れ果てていたが、遅い時間まで混雑する電車で今日は運良く座れたので、安堵の吐息をもらしながら、すぐにスマートフォンを取り出した。

オレたち現代人はスマホに依存しすぎかな、と、たまに自嘲ぎみに思う。それでも、スキマ時間を潰すにはスマホが欠かせない。今日は仕事が重なり、ランチ休憩から退社するまで、ネットニュースを覗く余裕さえなかった。混雑する電車に揺られながら、アプリで表示されるゴシップ記事を上下にスクロールさせる。気になった記事を適当につまみ読みしていると、画面にランダムに表示されるバナー広告の1枚が、ふとオレの目に留まった。ハタチくらいの魅力的な日本人女性がふたり、セクシーなポーズをしながらこちらに向かって微笑んでいるそのバナー広告には、こんな文章が並んでいた。

日本人の美女が教えるオンライン英語塾ＯＥＪ　今だけ無料お試しアリ!!

オレのウェブ閲覧履歴から、男性向けの広告を表示したのかな、と、つい考えてしまうのはＳＥ（システム・エンジニア）としての職業病かもしれない。

それにしても、また英語か……。心の中で、オレは、そうつぶやいていた。インターネット上のバナー広告だけでなく、電車内の広告や駅の看板、テレビのＣＭなど、英会話スクールや英語教材の広告を見ない日はない、と言って良いほどだ。春先には特に広告が増えるような気がするのは、新春から英語学習をスタートさせる人が多いからなのか。こんなにも日本人は英語学習に熱心なのに、オレの周囲に英語が得意な人がほとんどいないのは、どういうわけだろう？

オレ自身は、学生時代に英語で挫折してから、はや20数年。ＳＥとして働きながらも、英語とは縁のない人生だった。プログラムを組むことは仕事の一部だが、プログラム言語を英語とは言えないだろう。

英語ができれば、もっと条件の良い会社に転職できたかもしれないな、と思うこともある。同僚の友人には、いつの間にか仕事の合間に英語を始めて、転職に成功した人もいるらしい。だけど、オレの会社は、ろくに休みもないブラック企業で、自由に使える時間は限られるし、仮に時間があっても、学生時代に英語劣等生だったオレには、この歳からの「やり直し学習」なんて、夢のまた夢だ。

オレの手の中、スマホに表示されているバナー広告から手招きする美女たちは、いまだ独身のオレにとっては、できればお近づきになりたい存在だ。これが彼女たちからの合コンのお誘いなら、喜んで馳せ参じただろう。せめて今、オレが20代なら、彼女たちのような美女から英語を教わることに、少しは興味が湧いたかもしれないが……。

ため息をついて、オレは画面を切り替え、別の記事を読み始めた。

K1 ― 憂鬱の中で誘惑

息子の一希《かずき》が大学に合格し、ひとり暮らしを始めるために家を出てからの数日間、胸にぽっかり穴が空いたように、沈んだ日々が続いています。

一希が生まれた時、わたしは35歳でした。それ以前は共働きでしたが、夫と相談して、わたしは事務の仕事を辞め、以後は一希を育てることを、いつも最優先にしてきました。家計を助けるために、日中、パートに出ることはありましたけれど、ふたたび定職に就くことを目ざさなかったのも、すべては一希のためです。朝早く起きてお弁当をつくり、一希が帰宅するのに合わせて夜ごはんをつくり、定期試験の時、一希が夜中まで勉強をしている時には、お夜食をつくってあげることもありました。

一希が大学に入学するのは、わたしたち夫婦がいちばん望んでいたことのはずなのに、息子がひとり暮らしを始めるためにいざ家を出て行くと、夫もわたしも――特にわたしは――信じられないほどの寂しさに襲われています。

一希がいなくなっても、当然ながら夫の仕事に変わりはなく、今まで通りです。でも、わたしは、朝、一希にお弁当をつくることもなくなり、育ち盛りの息子のために手の込んだ夕食をつくる必要もなくなったのです。思えば、わたしには趣味らしい趣味もなく、強いて言えば、これまでは一希のお世話をすることこそが、わたしの最大の趣味であり、唯一の仕事だったのです。

一希が家を出たあと、わたしの精神状態は不安定で、鬱になり始めているのかもしれません。そんなわたしを心配して、夫が提案してくれました。

「なにか趣味にできそうなことを、ネットで検索してみたら？」

一希がいなくなった穴を埋めるほどの趣味が見つかるとは思えませんでしたが、試しに自分のスマホでインターネットを検索してみました。我が家にはデスクトップのパソコンもあるのですが、それを使うのはおもに夫と一希で、わたしはメールするのも調べ物や買い物をするのも、すべてスマホで済ませます。

50代の主婦が新たに始める趣味なんて、なにかあるのでしょうか。半信半疑で「50代主婦　趣味」で検索してみたところ、２０００万件以上もヒットして、思わず驚きの声をあげてしまいました。２０２０年以降は日本人女性の50％以上が50歳になるそうなので、わたしと同じように、50代で新しい趣味を探す人は、意外に多いのかもしれません。でも、いろいろ候補がある中で、なにかわたしに合う趣味が、あるのでしょうか……ネットサーフィンしている時に、画面の一部に表示されたバナー広告に、わたしの目は吸い寄せられました。

日本人のイケメンが教えるオンライン英語塾ＯＥＪ　今だけ無料お試しアリ‼

わたしの左手の中、スマホの画面上で、アイドルのような外見の若い魅力的な男性が、セクシーなポーズで、こちらに微笑みかけていて、わたしはドキッとして、思わず右手でクチを押さえました。50代のわたしが英語を勉強するなんて、考えたこともなかったのですが、広告の中で微笑むイケメンに魅了されて、だれかにあやつられるように、わたしはバナーをクリックしていました。

H2 できすぎた話

駅から自宅の安アパートに向かう暗い夜道を歩いているあいだ、オレの脳裡に何度も浮かんできたのは、昼間たまたま目にした、あのバナー広告のことだった。英語学習なんてオレには無縁だと思って、あの時は反射的にスルーしてしまったのだが、バナー広告の中で微笑んでいた美女の姿と、「今だけ無料お試し」というフレーズが、ずっと、あたまの中に残っていた。

日本人の美女が教えるオンライン英語塾――しかも今だけ無料――そんなうまい話があるはずがない。これは新手の詐欺かもしれない、と思いながらも、好奇心を抑えられず、オレは１ＤＫの自宅に入ると、すぐにパソコンを起ち上げた。ルームウェアに着替え、発泡酒の缶を冷蔵庫から取り出し、疲れたカラダをアルコールで癒しながら、検索で見つけ出したリンクへとアクセスする。

画面に現れたのは、オンライン英語塾ＯＥＪのロゴと、バナー広告で見たふたりを含む、日本人の美女５人。全員が艶《なまめ》かしいポーズで、こちらを挑発している。

オンライン英語塾　OEJ　Online Eigo Jyuku

その表記を見て、OEJは、どうやらOnline Eigo Jyukuの頭文字らしい、と理解した。Eigo Jyukuって……そこは英語じゃなくていいのか!?　と、思わずツッコミを入れたくなるが、もしかしたら、English Schoolなどの英語だと、似たような名前がたくさんあるのかもしれない。

画面上には「会員ログイン」と「無料で会員登録」というふたつのボタンがある。やはり、なにかの詐欺ではないかという警戒心から数十秒ためらったが、画面の中でこちらを見つめる5人の美女の誘惑に抗うことはできなかった。

「無料で会員登録」ボタンを押し、誘導されるままに個人情報を入力すると、「どの女の子をあなたの先生にしますか？」という表示とともに、数十人の美女が画面に表示されて、オレは息を飲んだ。先ほどのページに表示されていた5人の美女だけでも危険なほどの誘惑だったが、今、オレの目の前には魅力的な美女が数十人いて、その中のだれからでも無料で英語を教われるのか!?

こんなうまい話、あるわけないだろ！　あたまではわかっていても、今さらあと戻りはできない。オレはエリカという名前の美女の画像をクリックした。

K2 夢のような話

夕食の時に「なにか良い趣味は見つかった?」と尋ねる夫に、「それが、なかなか見つからないのよ」と答えながらも、わたしのあたまの中は、今日の午後に見つけたオンライン英語塾ＯＥＪのことで、いっぱいでした。

「無料で会員登録」ボタンを押したあと、スマホの画面に現れた数十人の若い日本人イケメンを見た時、わたしの気持ちは一気に数十年ぶん若返り、アイドルに黄色い声援を送っていた10代の頃に自分が戻ったかのように、その素敵な男子たちに胸をときめかせてしまったのです。スマホの画面は小さいので、パソコンの大きな画面で彼らを見たい、とも思いましたが、アクセスした履歴が残って夫に見つかるのは後ろめたいので、スマホの画面でガマンします。

迷った末にわたしが選んだのは、「ケンエイ」という名前の男子――。

ケンエイくんの写真をクリックすると、「ケンエイに、どのような設定をお好みですか?」という質問に続いて、「執事」、「ホスト」、「アイドル」、「ピアニスト」、「俳優」、「パイロット」、「レーサー」、「シェフ」、「大工」……など、さまざまな職業の表示が出て、わたしは混乱しました。これは英語塾で、ケンエイという男子が先生をしてくれるのではないのでしょうか？

「?」というボタンがあったので押してみると、「あなたの選んだ職業に扮して、ご希望の先生が英語を教えてくれます」と、説明が表示されました。たとえば「執事」を選んだら、ケンエイくんが「執事」に扮して教えてくれるということのようです。ケンエイくんのような若いイケメンから無料で英語を教わる、というだけでもドキドキするのに、わたしの選んだ職業にケンエイくんが扮してくれるなんて、信じられません。わたしは夢を見ているのでしょうか。

　迷った末、わたしは「ホスト」を選びました。ふだんは夫の目がありますし、それ以前に、自由になる多額のお金も、1歩踏み出す勇気もなくて、ホストクラブには1度も行ったことがありません。でも、テレビのドラマやバラエティで観るホストのイケメン男子たちと、1度、話をしてみたかったのです。これは本物のホストクラブではありませんし、OEJの無料お試しですから、このくらいしても、夫への裏切りにはならないでしょう。

　今度は「授業時間を予約してください」という指示と、カレンダーがスマホ画面に表示されました。授業はワンセット15分らしく、「無料で予約できるのは15分までです」との注意書きも表示されていますので、追加料金を払えば、30分や1時間でも利用できるのかもしれません。予約できるのは、最速だと同日の夜遅い時間でしたが、夫に見られたら、なにを言われるかわかりませんので、夫が仕事で家にいない翌日の午後を予約しました。

早く翌日になってほしくて、その夜は、話しかけてくる夫の言葉にも上の空でした。洗い物をしていても手を滑らせて、お皿を割ってしまいそうになる一幕も。その夜は結局、なにも手につきませんでした。

H3

現実離れしている

自分の選んだ女子に好きな職業に扮してもらって、その上で英語を無料で教われる、というのは、いくらなんでも、ありえない話だ――あたまではそうわかっているのだが、それよりも好奇心と期待が勝った。「アイドル」、「女優」、「メイド」、「キャバ嬢」、「キャビンアテンダント」、「ナース」、「ダンサー」、「アパレル店員」、「パティシエ」……など、魅力的な選択肢が並ぶ中、オレがエリカの職業に選んだのは「メイド」だった。

その日の夜、予約可能な15分枠の中ではいちばん遅い、26時45分から27時の時間帯までエリカの予定はすべて埋まっていたが、翌日の24時30分からの15分間、予約を入れることができた。いつも残業で終電近い電車になり、帰宅は24時を過ぎるので、オレにとっては、ちょうどいい時間帯だ。

日中は仕事をしていても、オンライン英語塾ＯＥＪのエリカと夜に話せるという期待があたまを離れず、いつもしないようなケアレスミスを連発して、上司の松乃《まつの》部長に叱られてしまった。オレが個人的に尊敬し慕っている松乃部長は、部下のミスで怒ることは滅多にないのだが、今日のオレは、苦言を呈するしかないくらい、心ここにあらずで、集中力を欠いていたかもしれない。

終電近い時間になっても、その日のノルマを果たせていなかったが、いつもと違って、ＯＥＪへの期待から、家路についたオレの足取りは弾んでいた。パソコンを起ち上げ、ルームウェアへの着替えを済ませるあいだも落ち着かなかった。時計の針の進む速度が、いつになく遅く感じられる……。

ＯＥＪにアクセスしてログインすると、数分早かったので、画面は真っ黒だった。だが、24時30分になった瞬間、前日に指名したあのエリカが、メイド服姿で、画面の中にいた。オレを見つめて、手を振って微笑んでいる。

「こんにちはー。はじめまして、ご主人様。ワタクシはエリカと申します。このたびは、ご指名いただき、ありがとうございまーす。ご主人様のことを、ワタクシからは、なんとお呼びすればよろしいですか？　ご登録情報の通り、叶英人《かのうひでと》様でよろしいですか？」

メイド姿のエリカがオレの名を呼んでくれただけで、平常心を保つのは難しかった。鼓動が早まり、やや上ずった声で、オレは答えた。

「あ――。えっと、じゃあ、ヒデと呼んでもらっていいかな」

「ヒデ様ですね。よろしくお願いします、ヒデ様」

「ああ、よろしくな、エリカ」

初対面でいきなり呼び捨てにすることに躊躇もあったが、オレが思い切って彼女の名を呼ぶと、エリカは、しあわせそうに微笑んだ。

こんなことがオレの人生に起こるなんて……これは現実なのか？

K3 心を奪われて

「じゃあ、おまえのことは希美子《きみこ》と呼んでいいんだな？」

小さなスマホ画面の向こうから、わたしにそう言ったのは、スーツを着て、いかにもホストっぽくセットに時間をかけた髪型になったケンエイくんです。息子が大学生になる年齢になっても、ケンエイくんのようなイケメンから名前を呼び捨てにされただけで、舞い上がってしまいそうに、しあわせでした。

「それは、もう……なんでも、ケンエイくんの好きなように呼んでください」

「おい、希美子。なんだよ。よそよそしいじゃねーか。タメグチにしよーぜ」

息子のような年齢のケンエイくんから話しかけられるたびに、胸が高鳴ります。

「え、タメグチ……!? で、でも、そんなの……ほんとに、いいんですか？」

「だから、それ。やめろよ。希ぃー美子、お互い、ハートを開かなきゃ」

「そう……？ じゃ、じゃあ……わかったわ。こんな感じ？」

「お、いいね。それでいいんだ。希美子、やればできる子じゃん」

できる「子」だなんて——気恥ずかしく思いながらも、たしかに、わたしの気持ちは10

代の少女のように、若返っていました。会話を始めてたった数分で、わたしの心はケンエイくんに鷲掴みにされてしまったようです。

こんな姿、とても夫には見せられません。

Prologue Summary

本日は、OEJを初めてご利用いただき、ありがとうございました！

英語学習を始めよう、というきっかけに遭遇するのは、たいてい偶然です。
学習をスタートさせるチャンスに恵まれた時、「英語ができたら、楽しい人生だろうな」と、ただ夢見るだけでは、なにも変わりません。実際に行動を起こすことでのみ、あなたの現実が変わり始めます。

さあ、これからワタクシどもOEJといっしょに、あなたの人生をより良い方向へ変える、楽しい英語学習を始めましょう！

オンライン英語塾　OEJより

Chapter 1

英語学習への期待

第一章　英語学習への期待

H4　根深い英語コンプレックス

終電近い時間でも混雑している、仕事帰りの電車の中――吊り革を握るオレの近くに、背の高い外国人男性と英語で話す日本人の若い女性がいた。オレは40代日本人男性のごく平均的な体型だが、その外国人男性は、あたまひとつぶんオレより大きく、肩幅もあり、胸板は厚い。それでいて、オレのようにハラは出ておらず、いかにも鍛えている感じだ。彫りの深い顔立ちは、ハリウッド俳優のようにも見える。連れの日本人女性のほうは、オレより少し低いくらいだから女性としては身長は高めで、スタイルが良く、物腰は洗練された雰囲気だった。

電車が線路上を走る音に紛れて彼らの会話の断片が周囲に聞こえていたが、早クチの英語なので、なんと言っているのか、オレにはわからない。それが本当に英語なのかさえ、実は、よくわからなかった。たまに英語っぽい音が聞こえるから英語かな、と思っただけで、きちんと聴き取れたわけじゃない。

遠慮がちに彼らの様子を窺っていると、外国人男性がオレのほうへ顔を向けて、一瞬、目が合った。オレは慌てて目を逸らす。外国人と向き合っただけで、オレは萎縮してしまう。昔から、そうだ。過去に路上で何度か外国人から話しかけられそうになった時には、無言であたまを下げ、逃げるように足早に立ち去ることしかできなかった。英語ができないというコンプレックスが原因であることは、自分がいちばんよくわかっている。だから、先日のオンライン英語塾ＯＥＪで、エリカの話に、オレは少し過剰に反応してしまったのだろう……。

あの夜、エリカはオレに、こんなことを言った。

「ヒデ様が、今現在、英語に自信がまったくないことは、わかりました。でも、ワタクシを指名してくださったヒデ様なら、きっと英語ができるようになります！　だって、ワタクシが教えて差し上げるんですから！」

パソコン画面上、メイド服姿のエリカは、オレを励ますように両手の拳を握りしめ、華奢《きゃしゃ》な両腕を上下に振っていた。オレ好みの容姿の女子から、そんなことを言ってもらえるのは素直に嬉しかった。だけど、そんな耳に心地よい夢物語をあっさり信じるには、オレは少し歳を重ねすぎていたかもしれない。

「ありがとう。初対面のオレを、そんなにも励ましてくれて……」

「ヒデ様？　どうされたんですか？　急に寂しそうなお顔になって――」

「一瞬でも夢を見させてくれて、エリカには、感謝してる」

「なにをおっしゃるんですか。一瞬ではないですし、夢でもないです。これは叶えるべき目標です。ご主人様の叶英人様というお名前の通り、『英語で夢を叶える人』になっていただきたいです！」

エリカにそう言われて、オレはドキッとさせられた。彼女はただ、思いつくままに、適当なことを言っただけかもしれない。だけど、それは、まさに両親がオレに託した希望――。

両親は、ふたりとも英語がぜんぜんできないのだが、グローバル時代に息子のオレが「英語ができる人」になってほしくて、「英人」という名前をつけてくれた、と聞いたことがある。両親がオレに託してくれた夢と、現在の現実のギャップを突きつけられて、いたたまれなくなった。

「どうあがいても……オレは『英語ができない人』のままだよ！」

思わずそんな言葉を吐いたら、エリカとそれ以上話すのがツラくなって、オレは衝動的に「×」ボタンで通信画面を閉じ、ＯＥＪからログアウトした。

自分のしたことに自分でも驚いて、冷静になるまで、少し時間がかかった。しばらくして落ち着いたら、エリカとの会話を途中で打ち切ったことに、罪悪感を抱いた。ただ純粋にオレを励まそうとしてくれていた彼女は、なにも悪くないのに……いきなり画面を消すのは、さすがに相手に失礼だった。こんな身勝手なオレだから、今まで良い相手に巡り逢えなかったのかもしれない。

ログアウトしてから数十分後、ＯＥＪを利用する時に登録したアドレスに、メールが届いていた。それは、こんな文面だった。

「叶英人様　初回のお試し授業は、ご満足いただけなかったでしょうか。ご期待に添えず、申し訳ありません。途中退出されたお客様には、次回も無料でご利用いただけるクーポンをお送りします。またのご利用、お待ちしております」

次の機会なんて、ないだろうな……。その時は、そう思っていた。

K4

彼の言葉を信じて

ケンエイくんとの1回目の授業は、まさに、夢を見ているような15分間でした。わたし好みの容姿の若い男子がホストに扮して、話につきあってくれるのは本当にしあわせな体験で、それが英語の授業だなんて、とても信じられませんでした。実際、1回目の授業で英語の話はほとんど出なかったのですが、あと数分で終わりという時に、ケンエイくんが初めて、英語を話題に出しました。

「で、希美子は英語を勉強してみたいと思ってるんだよね？」

そう問いかけられた瞬間、魔法が解けたように、現実に引き戻されました。正直に言えば、わたしがオンライン英語塾ＯＥＪのバナーをクリックしたのは、英語に興味があったというより、イケメンと無料で会話ができる、という点に惹かれたからなのです。後ろめたくて、わたしの口調は急に曇りました。

「英語は……もちろん、できるに越したことはないけれど……」

「今まで本格的に英語を勉強したことはあるの？」

「学生時代は、英語の成績は、まあまあだったかな。中の上くらい。でも――いろいろ忙しくて、卒業してからは、ぜんぜん」

子育てが忙しくて——と言いかけて「いろいろ忙しくて」と言い直したのは、母親である以前に女として、ケンエイくんと話したかったからでしょうか。

「そうなんだ。でも、希美子は、せっかくこうしてOEJにアクセスしてくれたんだからさ、オレといっしょに英語を勉強してみない？」

「うーん……。わたしに、できるかしら——。あまりにも久しぶりで」

数十年ぶりなのに、と言いそうになりましたが、自分の年齢を意識したくないので、とっさに表現を変えてしまいました。

「だいじょうぶだって。専属コーチのオレがついてるんだぜ？」

「うーん……ケンエイくんがそう言うなら、ちょっとやってみようかな……」

「やった、嬉しい！　じゃあ、希美子。宿題なんだけど、次回までに、英語を使ってなにをしたいか、考えてきて。それができたら、次回も無料。だけど、きちんと宿題をクリアできないと料金が請求されるから、気をつけてね」

「それは、いつまでに考えればいい？」

「希美子のタイミングでいいよ。じゃあ、待ってるから」

ケンエイくんが笑顔で手を振ると、画面が黒くなり、「あ、待って」と呼ぶ声もむなしく、

「授業、おつかれさまでした。次回のご利用をお待ちしております」との表示が……。一瞬に感じられるほど、あっという間の15分間でした。

H5 あやまりたいから

オンライン英語塾ＯＥＪの第1回を途中退出してしまった罪悪感は、日を追うごとに大きくなっていた。エリカは、オレのことを気遣い励ましてくれていたのに、自分の英語コンプレックスを刺激されたことが原因で、つい感情的になってしまった。もう1度、無料で利用できるクーポンを発行してもらったことだし、せめてエリカにあやまりたいと思い、オレは、ふたたびＯＥＪのウェブサイトにアクセスした。登録しているデータでログインし、個人ページを開く。

画面上には、「もう1度、エリカを指名する」と「別の先生を指名する」というふたつのボタンが表示された。今回、再ログインしたオレの目的はエリカにあやまることなので、もちろん、エリカを指名する。

次に表示されたのは、「エリカは、メイドのままで」と「エリカの職業を変更する」というボタン。オレがあやまりたいのは、メイドのエリカなので、「メイドのままで」のボタンを押す。

続いて表示されたのは、エリカの授業を予約できる日時。エリカは人気の先生なのか、次に予約できるのは、なんと1週間後だった。「追加料金で予約を早めることもできますが、どうされますか？」という注意書きが出たが、そこまで必死ではないので、1週間後の15分枠を予約した。授業時間も、追加料金を払えば30分、45分、1時間と延長できるようだが、エリカに謝罪するだけなら、15分もあれば充分だろう。それにしても、無料を謳《うた》いつつ、料金次第でサービスを追加する、というのは、いかにも現代的なシステムで、オレは感心させられた。システム・エンジニアという職業柄、そのあたりは敏感に反応してしまう。ＯＥＪという組織は、意外に、しっかりした団体なのかもしれない。

K5

夫への罪悪感

「希美子、なにか趣味にできそうなものは見つかった？」

夕食の席で夫にそう聞かれた時、わたしの動きが止まりました。

「あ、そうね……実は、英語でもやってみようかな、と思って」

「英語ぉ……？　なんでまた急に？」

夫が箸を止め、不思議そうな顔をしたのも当然です。なにしろ、夫と結婚してからの20数年、わたしが英語を勉強したことは1度もないのですから。

「インターネットを検索したら、無料で英語を教えてくれるサイトもあって、少しやってみようかな、って。ほんと、便利な世の中になったものね」

「いや、しかし、英語なんて、今まで1度も言ってなかったじゃないか」

「考えたことなかったけど、だからこそ、新しい自分が開発される気がして」

本当はケンエイくんに惹かれているだけなのですが、もっともらしい出任せを無意識でクチにする自分自身に、わたしは驚いていました。こんな自分勝手なウソをつくなんて、夫への裏切り行為かもしれません。

「そうか……。まあ、希美子が興味あるなら、試してみてもいいかもね」

賛同の意思を示してくれたものの、夫は半信半疑のようで、彼を困惑させてしまったことに、わたしは罪悪感を抱いていました。と同時に、ケンエイくんからの宿題のことも、ずっと、あたまにありました。これまで英語学習にまったく縁のなかったわたしが、英語を使ってしたいことなんて、なにか見つかるでしょうか。

H6 ― 無料で英語の達人に?

さらに1週間待って、ようやく2回目の授業の時を迎えた。

前回のことがあったから、パソコン画面に映るメイド姿のエリカは、いかにも申しわけなさそうな、悲しそうな顔をしていて、オレの罪悪感は、さらに強まった。謝罪の言葉をクチにするオレの気持ちに、迷いはなかった。

「エリカ……前回は、ごめん。途中で切っちゃって、悪かった……」

オレの言葉にハッとした顔になって、エリカは、目に涙を浮かべた。

「ヒデ様、とんでもないです。前回、ご不快な思いをさせてしまったのは、すべて、ワタクシの責任です。ご主人様、誠に申しわけございませんでした」

画面の中でエリカが深々とあたまを下げて、オレは、さらに慌てた。

「いや、だから、違うんだって! マジで、オレが悪かったんだ。オレは、ずっと英語コンプレックスがあったから、つい過剰反応しちまって……。エリカは、オレを励ましてくれていただけなのに――エリカは、なにも悪くない!」

「そんなふうに言ってくださるヒデ様は、最高のご主人様です!!」

あたまを上げたエリカは、涙を流していた。とても演技には見えず、オレは胸を打たれた。本心からの涙なんだとすれば、なんてピュアなんだ……。それは、オレが歳を重ねるにつれて喪《うしな》ってしまった感情かもしれない。

「オレには英語なんて無理だけど、前回のことをあやまりたくて、今回アクセスしたんだ。ともかく、エリカにあやまりたかった」

「――ヒデ様！　お気持ちは嬉しいですけれど、あやまっていただく必要なんてありません。それより、ワタクシとしては、この機会にヒデ様に英語コンプレックスを克服していただきたい気持ちもあります。もちろん、こんなことを言ったら、また、通信の途中で切られてしまうかもしれませんが……」

同じ過ちを連続でくり返すほど、オレは愚かではないつもりだ。通信を途中で切ることはないものの、英語については、やはり抵抗感があった。

「だけどなー、英語なんて、オレには、ほんとに無理なんだよ……」

「そうおっしゃるご主人様は多いのですが、そういう方にこそ、ワタクシどもＯＥＪを活用していただきたいのです。たとえ今、英語力ゼロの方でも、うまく活用すれば、無料で英語の達人になることも可能ですから」

エリカが「可能」と言った時、自分の「叶」という苗字を呼ばれた気がした。両親がオレの名前に込めた想い、「英語のできる人になる」という夢を叶えることなんて、この歳からできるのだろうか？

「無料で英語の達人？　いや、いくらなんでも、それは……」

オレは思わず笑ってしまった。そんなうまい話があるなら、日本人は、こんなにも英語で苦労していないだろう。だが、エリカは真剣な表情で首を振った。

「ヒデ様、これは本当です。ワタクシどもＯＥＪの仕組みをうまく活用していただければ、本当に、無料で英語の達人になれるのです！」

オレ好みの女子からメイド姿で、しかも目を潤ませて、そう訴えかけられたら、興味を示さないのは不可能だった。

「エリカ――。そこまで言うなら、くわしい話を、教えてくれないか？」

オレの言葉に嬉しそうにうなずいて、エリカは説明を始めた――。

K6
もし英語が得意になったら

　本当なら、ケンエイくんからの宿題をクリアできてからOEJを予約するべきなのでしょう。でも、そんなことを言ったら、いつになるか、わかりません。一刻も早くケンエイくんとまたお話ししたくて、まずは数日後の予約をしてから、わたしは必死で宿題について考え、一応の答えを見つけました。

「それで——希美子は、英語で、なにをやりたいの？」

　スマホ画面の中にケンエイくんがいるだけで、しあわせな気持ちになります。

「そうね……。わたしには大それた願いかもしれないけれど、もし英語が得意になったら、海外から来られた方に日本をガイドできたら素敵かな、とか」

　おそるおそるそう語ると、ケンエイくんは素敵な微笑を返してくれました。

「おー、いいじゃん、いいじゃん！　たしかに、英語ができたら、外国人観光客のガイドもできるよな。まさに国際貢献。それってマジで素敵だよ」

「ケンエイくんがそう言ってくれると、嬉しい……」

「じゃあさ、希美子。その目標を実現させようぜ。オレといっしょに」

「え――!? でも、そんな大それたこと、わたしに、できるかしら……」

「希美子なら、できるって！ それは夢じゃなくて、叶えるべき目標だよ。オレのヘルプがあれば、ぜったいできるって！」

「ケンエイくんがそう言ってくれるなら信じたいけれど……、本格的に勉強すると、それなりにお金もかかるのよね？ どこまで投資できるか――」

「ああ、それなら心配するなよ。オレがコーチについてたら、必要な出費は最小限でおさえられるよ。このＯＥＪだって、希美子ががんばってくれるなら、無料のまま使い続けることができるから」

そんなうまい話があるものでしょうか……半信半疑でしたが、ケンエイくんの自信に満ちた口調は、わたしに魔法をかけてくれました。

「ケンエイくんがそう言うなら、信じてみたい。くわしい話を教えてくれる？」

Chapter 1 Summary

本日はOEJの２回目のご利用、ありがとうございました！

日本人の多くが根深い英語コンプレックスを持っていますが、正しい勉強法を継続すれば、英語への苦手意識を克服することも可能です。また、「英語ができるようになったら、なにがしたいか」という目標が見つかると、高い学習意欲を維持しやすくなります。

これからもワタクシどもOEJといっしょに、あなたの人生をより良い方向へ変える、楽しい英語学習を続けましょう！

オンライン英語塾　OEJより

Chapter 2

TOEICが始まる

第二章　ＴＯＥＩＣが始まる

H7

初めてのＴＯＥＩＣ

次の休日の午後、オレは、ターミナル駅近くにあるオフィスビルの一室を訪れることになった。エレベーターでフロアを移動すると、陽当たりの良いガラス張りの廊下に机と椅子が一脚ずつ置かれ、スーツを着た50代の男性が「こんにちは」と、オレに会釈した。受付らしいその場所でオレが「叶英人です」と名乗ると、スーツの男性は紙に印刷されているオレの名前に蛍光ペンで印をつけ、「席は自由ですので、お好きなところに、おかけください」と、室内へ促した。

そこは、ビジネス・セミナーなどで使われそうな、白を基調とした清潔感のある会議室で、ふたりがけの長机が横に3列、縦に10列並んでいる。室内には、すでに何人か先客がいた。知っている人はいなかったが、目が合った何人かと、なんとなく互いに黙礼を交わす。

それから数分が経ち、指定された時刻までに、会議室の席は半分くらい埋まった。性別は男女半々くらい。10代に見える若い子たちから60代以上らしき年配者たちまで、世代もバラバラだ。

受付で見た名簿にはオンライン英語塾ＯＥＪのロゴが記されていたので、ほかの人たちも、みんなＯＥＪ経由で集められたのだろうか。だとすれば、ＯＥＪのビジネスは幅広い顧客層に浸透しているように思える。

ホワイト・ボードには「ＴＯＥＩＣ　Ｌ&Ｒ　ＩＰテスト」という貼り紙が見える。そう、オレが今から受験するのは、ＴＯＥＩＣ——オレにとっては、人生で初めて体験するＴＯＥＩＣだ。

先日、ＯＥＪに2回目にアクセスした時、エリカはオレに説明してくれた。ＯＥＪは、先生から与えられる課題をクリアできれば、無料で受講し続けることが可能になる。課題クリアに失敗した際にはそのつど料金が発生するが、課題をクリアできた時には無料というスタンスは、ずっと変わらないらしい。世の中、なにも苦労せずに無料なんて話は詐欺師の誘い文句にしかありえないので、課題をクリアすれば無料という話には納得し、安心もした。詐欺ではなく、まっとうな組織という印象が強まったからだ。

「無料がかかっているからには、毎回けっこう難しい課題なんだよな？」

オレが問い返した時、エリカは少し困った表情で笑った。

「なにを難しいと感じるかは人それぞれですので、絶対的なことは申せません。ですが、ワタクシどもは、決して無理な課題はご提案いたしません。ＯＥＪでは、受講者の方に、まずはＴＯＥＩＣを受けていただいています。ヒデ様は、これまでＴＯＥＩＣを受験されたことはありますか？」

英語資格試験ＴＯＥＩＣの名前は、オレが日常的に見るネットニュースでもたまに話題に出るので、もちろん存在は知っている。ただ、世代的に、オレの学生時代には、英検はよく耳にしたが、ＴＯＥＩＣについて聞く機会はほとんどなかった。たしかオレが30代なかばだった２０１０年頃から、有名企業が相次いでＴＯＥＩＣスコアを人事考課の対象にすると報じられ、大きな話題になっていたように思う。その後、ＴＯＥＩＣは社会に普及して、今では大学や高校の入学資格として認められたり、単位に置き換えられたりしている、という話を聞いたこともある。実は、オレの会社でもＴＯＥＩＣ９００点を獲れたら特別ボーナスが支給される制度があるそうだが、達成した人の話は聞いたことがない。オレは英語というだけで拒否反応を示してしまう「英語アレルギー」なので、わざわざ受験料を払ってまで受けようと思ったことは1度もない。ん、待てよ……もしＴＯＥＩＣを受ける必要があるなら、受験料は当然、必要になるから、その時点でＯＥＪは無料とは言えないんじゃねーのか。

受験料のことについて考えた時、質問する前にエリカがそれに触れた。

「初回のTOEIC受験料はワタクシどもOEJが負担しますので、無料でご受験いただけます。しかも！　OEJで申し込んでいただければ、2回目以降の受験も、ベストスコアを更新できれば、毎回無料になるんですよ！」

なにしろ1度も受験したことないので、ベストスコアを更新するのがどれだけ大変かはわからないが、とりあえず初回は無料で受験できるのなら、オレにとっては、なんのリスクもない。それなら、とりあえず受けてみてもいいかな、と思ってしまった。これって、OEJに、うまく乗せられているのか？

今までよく知らなかったが、このOEJという企業は、オレが思っていた以上に、仕組みのしっかりした、規模の大きな組織なのかもしれない──。

K7 ＴＯＥＩＣへの関心

「こんど、ＴＯＥＩＣを受けてみようと思うの」

夕食の席でそう切り出すと、食事しながらテレビのニュースを観ていた夫は、「ＴＯＥＩＣ？」と、けげんな顔で箸を止め、わたしの顔を見ました。

「この前、英語学習の話はしていたけれど……いきなりＴＯＥＩＣを？」

夫が驚くのも当然です。わたし自身、この展開には驚いているんです。

「インターネットで見つけたオンライン英語塾ＯＥＪのサービスで、ＴＯＥＩＣを初回は無料で受けられるそうなの。その後も、もしベストスコアを更新できれば、無料なんですって」

わたしの説明を聞きながら夫は首を傾げ、マユをひそめました。

「まあ、無料なら1度受けてもソンはないかもしれないが……希美子、ＴＯＥＩＣは難しい試験だよ。そう簡単にベストスコアを更新できないだろう」

「あなたは、会社から言われて受けたことあったのよね？」

「学生時代は、英語は得意科目だったからね。９００点を獲ったら会社が特別ボーナスを出してくれるから何度か挑戦したんだが、私のベストスコアは780点止まりだったよ。残念ながら、800点にも至らなかった」

「780点だなんて、すごいじゃない！」

わたしはTOEICが何点満点なのかさえ知らないのですが、テストといえば、ふつう100点満点なので、780点でも、すごいと思えました。わたしにホメられて満更でもない様子で、夫は一転、照れた表情を浮かべました。

「一希も今後、大学でTOEICを受験することになるんじゃないかな。希美子も英語を始めて、親子でTOEICというのも、いいんじゃないか」

夫の了解が得られて安堵するのと裏腹に、OEJの詳細をあえて話していない後ろめたさもありました。英語学習だけなら聞こえは良いですが、ケンエイくんのような30歳くらい若いイケメンから英語を習おうとしていることを知ったら、夫はどう思うでしょうか。今後どう夫に説明すべきか、という不安はありますが、それ以上に期待も大きいのは、ケンエイくんのおかげです。

数日前のOEJでの授業の一場面が、記憶によみがえります。

「学生時代からまったく英語を勉強していないのに、TOEICなんて、受けられるのかしら……英単語の綴りとか、思い出せる気がしないわ……」

わたしがそう語った時、ケンエイくんは爽やかに笑い飛ばしてくれました。

「なに言ってんだよ、希美子。テストを受けるだけなら、だれでもできる。OEJで申し込めばタダなんだし。TOEICはマークシートの試験だから、クイズだと思えばいい。希美子が何点くらい獲るのか、オレ、マジで興味あるよ」

ケンエイくんからそう言われると、なんだかヤル気が湧いてきました。

「わたし、TOEICは1度も受けたことがないんだけれど、高校生の時は、実は、英検の……たしか、準2級――は合格したおぼえがあるのよね」

「へえ。なんだ、希美子。前に、成績は中の上だと言ってたけど、実は、けっこう英語やってた人？」

「嫌いではなかったかな。でも、学生時代の話だから」

数十年前の話――とは、あえて言わないでおきました。

「希美子の初受験スコア、超楽しみ。早く結果が知りたいな！」

ケンエイくんからそう言ってもらえたので、TOEIC初受験への意欲が湧いてきました。夫の了解も得られましたので、あとは受験するのみです。

H8

リスニングの衝撃

アナウンスが流れて、試験が始まった。冒頭からいきなり外国人が英語で話し始めて、オレは、あたまを抱えた。なにを言っているのかまったく理解できないが、ナレーターが「パートワン」と言ったのは聴き取れた。「パートワン」は日本語としても使われる言葉だから、聴き取れない人は、いないだろう。

今から解答用紙のパート1のマークシートを塗ればいいのか？　問題用紙の最初のページにモノクロの写真があり、その写真について説明するＡＢＣＤの４択が英語で順番に読み上げられているらしいことは、かろうじて理解できた。正しい写真の描写を選べ、ということのようだが、英文が読まれるスピードが速すぎて、さっぱりわからなかった。わからないものは仕方ないので、解答用紙の１番の欄は適当にＣとマークした。すると、その直後、ナレーターがなにかを英語で話し、また「パートワン」と言った。

ちょっと待ってくれ。今からパート１が始まるなら、さっきのは……？

そこでオレはハタと気づいた。先ほど読み上げられた最初のページの問いは練習問題で、今から始まるのがパート１の問題なのだ。先ほどマークしてしまった１番のＣを消しゴムで慌てて消し始めた時にも容赦なく英語のナレーションは続き、１番の質問は終わって、すでに2番が読み上げられ始めているので、結局、消しかけた1番を仕方なくCのまま塗り直して、２番は適当にBに塗った。もちろん、質問の意味など理解しておらず、ただの勘である。

３番の質問でようやく、初めて身構えて聴くことができたが、たとえ聴くモードになっていても、わからないものは、わからない。パート1の6問はすべて写真を描写する問題で、ＡＢＣＤの４択から写真を正しく描写しているものを選べば良いらしい、と途中で理解できても、そもそも英語が聴き取れないのだから、正解を選びようがない。もちろん、マークシートの４択だから、たとえ勘で答えても正解確率25％というのは、クイズのようで魅力的だ。ＴＯＥＩＣは、ぜんぶで２００問もあるようだが、勘が冴え渡れば、いきなり高得点なんてことも、あるんじゃないだろうか。

やっとパート1に慣れ始めてきたかな、と感じ始めた段階で、「パートツー」とナレーターが言ったのを聴き取れた。パートが終わるごとに休憩させてほしいのだが……休みなしというのは、消耗するな。昔、だれかが「ＴＯＥＩＣは疲れる。しんどいテストだ」と語っていたのを、急に思い出した。

説明らしきナレーションが流れ、問題の通し番号7番から、パート2が始まった。このパートは、質問文が流れ、それについての正しい返答を選ぶ仕組みらしい。解答用紙全体を見渡すと、TOEICテストの全7パートのうち、このパート2の25問だけがABCの3択で、ほかの6パートは、すべてABCDの4択なので、パート2だけ異色という感じがする。

例によって、ほとんど聴き取れないのだが、パート2の質問には、過去に字幕で観た洋画とか海外ドラマで聴いた英語の有名なフレーズがいくつかあり、英語力ゼロのオレでさえ聴き取れて、「お、これならわかるかも？」と感じることが何度かあった。と言っても、自信満々で解答できた問題などないに等しい。

パート3の39問とパート4の30問は、英語初心者のオレには、なにひとつ理解できない、拷問のような苦行の時間だった。パート3では、ふたり、あるいは3人が英語で話すかけあいが、パート4では、ひとりの人が延々と英語を話し続ける長文がものすごいスピードで流れ、それぞれの状況につき3問ずつ出題された。しかも、パート3とパート4のラスト数問では、問題用紙に印刷されているシンプルな地図や表などのビジュアル情報を見ながら答えないといけなかった。これらの問題を、もし真剣に正解するつもりで解くのなら、おそらく極度に消耗するだろう。だけど、オレには、そもそも問題文が意味不明で理解できないので、適当に勘で解くことしかできない。ある意味、気楽なものだった。

そうしてリスニング・パート１００問を終えた時点で、試験開始から40数分が経過していた。オレの人生で、40分以上も英語漬けになるのは、間違いなく、これが初めてだ。だが、このあと、さらに75分もリーディング・パート１００問を解かないといけない……。TOEICテストのゴールは、気の遠くなるくらい、はるか先に思えて、絶望する。これはたしかに「疲れる」し、「しんどい」。たとえ無料だとしても逃げ出したくなるほどだから、わざわざお金を払ってこのテストを受ける人たちはすごい——と、素直に尊敬したくなった。

K8

膨大なリーディング

初めて受けるＴＯＥＩＣテストは、とまどいばかりでしたが、その中には、良いとまどいもありました。まったく手も足も出ないことを予想していたのですが、リスニング・パートでは、意外に英語を聴き取れたのです。もちろん、30年以上も英語学習から離れていたのですから、すべてをハッキリ聴き取るのは無理ですが、漠然と、なんとなく意味がわかる気がしたのです。

リスニング・パートの40数分は、そんな意外な驚きを味わっているうちに、あっという間に過ぎ去りました。けっこうできたんじゃない？　という手応えがあり、良い流れでリーディング・パートに入れました。

ところが、リーディング・パートに入った途端、わたしの油断と慢心は見事に打ち砕かれました。

TOEICテストのパート5は文法問題が延々と30問（リスニング100問の続きなので、問題番号101番から130番）が並んでいて、英文の中の空欄に入る適切な単語をABCDの4択から選ぶ形式でした。英文の意味をなんとなく理解できたような気がする問題も、どの選択肢が正解かわからず、どれも正解に思えてしまって、わたしは途方にくれました。もちろん、知らない単語が含まれている問題はわからなくて当然ですが、すべて知っている単語のはずなのに、正解がまったくわからないのです。こんなの、ほんとに正解をひとつに絞れるの!?　と、テストの信憑性《しんぴょうせい》を疑ってしまったほどです。

自信をもって答えられる問題はほとんどなく、結局、勘に頼って答えてばかりなので、どのくらい正解できたのか、まったく自信はありません。

パート6は、パート5より長い、手紙やメールの文面などの長文が4セット並んでいて、それぞれの長文セットの中に4つずつ空欄がありました。通し番号では、131番から146番の16問がパート6となります。各長文セット4問のうち3問は、パート5と同じく空欄に入る適切な単語を選ぶ問題ですが、毎回1問は空欄に入る英文を選ぶ問題でした。それぞれの英文をきちんと理解できていないので、どれが適切かを考えるのにずいぶん時間がかかり、しかも、正しい答えを選べた自信も、ありませんでした。

TOEICテストのリーディング・パートは75分とのことですが、パート5とパート6を必死で解いていたら、いつの間にか50分近く経過していました。パート7は54問もあるのですが、すべて長文読解問題です。問題用紙をパラパラめくっていると、パート7には絵や図、広告、スマホのチャットのようなビジュアルも挿入されていて、文字だけのパートより解いていて楽しくなりそうですが、英文の量が膨大で、残り20数分で54問も解くのは、どう考えても不可能です。パート7をすべて熟読して解き終えるには、それだけで75分以上かかるような気がします。わからない単語がたくさんあるパート7を必死で解きましたが、予想した通り半分も解くことができず、残り時間が数分になったところで、わたしは仕方なく残り数十問を、すべて適当にマークしました。TOEICテストはパート2だけが3択で、ほかはすべて4択です。たとえすべて勘で答えても正答率25%以上（パート2は33%以上）というのは、希望が持てました。だいたい理解できていれば、けっこう正解できるのではないでしょうか。
そうして、わたしのTOEICテスト初受験は終了しました。

H9 授業時間を延長すべきなのか

3回目にアクセスするオンライン英語塾OEJは、オレがTOEICテストを初受験した当日の夜に予約を入れてあった。正直、試験には手も足も出なかったが、その困惑をエリカに語るのは、なんだか楽しかった。社会人として歳を重ねるにつれて、自分のできることとできないことを自然に線引きして、できないことにチャレンジする機会が激減していたような気がする。今回のTOEICのように、自分がまったく歯が立たないことに捨て身で挑戦したのは、前回は、いつだったか……と考えても、思い出せないほど昔だ。たとえ完敗しても、なにかに挑戦するというのは、それなりの達成感が伴うようだ。

エリカはオレの体験談を、時に笑顔で、時に真剣な表情で、何度もうなずきながら聞いてくれた。興奮ぎみに話していると、15分は、あっという間だった。

「ヒデ様のお話、もっと聴きたいです。延長なさいますか？」

悪魔の誘惑のように甘美な囁きだ。そこで、オレは、ふと疑問に思った。

「だけど、エリカ、次の時間帯も予約が入ってるんだろう？　たとえオレが延長したくなっても、できないんじゃないのか」

「あー、ご主人様、さてはＯＥＪの利用規約をちゃんと読んでいませんね？　ＯＥＪでは、前の時間帯の人が延長を希望した場合には、別の日時に変更されるのがルールなんですよ。ワタクシどもは、そのくらい延長を重視しているんです」

延長は必ず有料になるはずだから、ビジネスとしては当然だろう。オレのように無料で利用させてもらっている者は、文句を言える立場じゃない。

「そっか……。んー、でも、オレが延長したばかりに、次の人の授業を延期してもらうのは、悪い気がする。今回も、延長は、やめておく」

本心としては、まだ延長に踏み切れるほど、ＯＥＪを信頼して、のめり込んではいないのかもしれない。だいぶ気持ちが傾いているのは事実だが。

「わかりました！　でも、ご利用者の皆様が同意してくださっているルールですから、今後もし延長したくなったら、遠慮なさらないでくださいね」

３回目の授業で、エリカがオレに与えた次回の課題――宿題――は、ＴＯＥＩＣテスト初受験の結果が届いてから予約し、結果を報告すること。それがクリアできれば次回も無料だが、違反した場合は課金されるという。

課題としては簡単すぎる気もしたが、自分の好きな先生と話すのをそれまでガマンできずに料金を支払う利用者もいるのかもしれない……。

K9

初めてのスコア

TOEICテスト初受験の直後にケンエイくんと話してから1週間ほどで、結果が送られてきました。オンライン英語塾OEJからではなく、TOEICテストを運営している国際ビジネスコミュニケーション協会から、スコアシートが送られてきたのです。そこには、わたしのスコアが記されていました。

リスニング 200
リーディング 155
トータル 355

スコアシートといっしょに同封されていた「スコアとコミュニケーション能力レベルとの相関表」によると、スコア220~465点の範囲内は、TOEICテストのランクでは下から2番目の「レベルD（通常会話で最低限のコミュニケーションができる）」であることがわかりました。

夫のベストスコア（780点）の半分以下だとはいえ、数十年ぶりの英語試験であることを考えると上出来だと思えました。それに、「通常会話で最低限のコミュニケーションができる」レベルだと評価されたことが嬉しくて、夕食の席で思わず夫にスコアシートを見せてしまいました。

「先日、TOEICを受けてから、まだ1週間くらいじゃないか？　ふつう、公開テストのスコアは3週間後に発表されるはずだが……ああ、そうか。オンラインの英語教室のIP受験だと、結果がわかるのも早いのか」

「アイピー受験……って、なんなの？」

「TOEICテストのメインは、全国で同日に実施される公開テストなんだが、不定期で過去問を団体受験できるIPテストという制度があるんだよ。参加者が10名以上いれば実施できるので、英語教室などで広く採用されている。IPは過去問なので、公式なスコアとして認められない場合もある」

「そんな……過去問だと言っても、わたしは知らない問題なのよ」

「もちろん、過去に使用されたテストだから、テストとしての精度は変わらない。ただ、企業が昇進やボーナスの参考にする場合には、ＩＰのスコアだと認められないケースもある、ということだよ。うちの会社は、公開テストのスコアじゃないとダメだと言われていた。会社によっては、ＩＰのスコアでも認められるところはあるかもしれない」

そんな話をしながら、夫は、わたしのスコアシートを見ていました。

「ほぉ……長らく英語を勉強していなかったのに３５５点というのは、なかなかのもんじゃないか。このスコアなら、勉強すれば、まだまだ伸びるかもな」

夫の言葉には、自分は倍以上のスコアを獲得しているという余裕と優越感が垣間見えて、わたしは少し悔しい気持ちになりました。同時に、スコアアップして、夫をもっと驚かせたい、という気持ちも初めて芽生えました。

「じゃあ、オンライン英語塾ＯＥＪで勉強するのに、賛成してくれる?」

「ああ、もちろん。英語を勉強して、悪いことなんかないだろう。今度、そのＯＥＪとやらの授業風景を、１度、見物させてくれないか」

夫の言葉に、わたしは焦って、ごまかすように慌てて笑いました。

「やめてよ！　必死で勉強しているところなんて、見せたくないわよ」

わたしがムキになって否定したので、夫も、おかしそうに笑いました。
ケンエイくんとの時間を夫に見せるなんて、できるはずがありません。

H10

最低ランクからの出発

初受験したTOEICテストが、ぜんぜんできていないことは自覚していたのだが、送り返されてきたスコアは、オレの予想と期待を下回っていた。
「おいっ、ウソだろ……なんだよ、このスコア！」

リスニング 95 ｜ リーディング 75 ｜ トータル 170

TOEICテストは、990点が満点——最高点とされるらしい。マークシートの4択（パート2だけは3択）だから、適当に勘で塗っても25%以上、つまり、250点くらいは獲れると思っていた。時間が足りなくて、最後のほうは勘で塗るのも間に合わなかったのだが、それにしても200点を割ってしまうというのは、正直、ショックだった。

スコアシートに同封されていた「スコアとコミュニケーション能力レベルとの相関表」によると、スコア215点以下は、TOEICテストでは最低ランクの「レベルE（コミュニケーションができるまでに至っていない）」。たしかに、オレは外国人を見れば逃げ出す英語アレルギーだから、コミュニケーションができるまでに至っていないと言われれば、その通りなのだが……。オレのことをご主人様として仕えてくれるエリカも、このスコアを見たら失望するだろう。なんて、不甲斐ない「ご主人様」だ。でも、報告しなければ、エリカと話すことはできない。ツラかったが、オレは4回目の授業を予約した。

画面に映ったエリカは、いつものように最初は満面の笑みを浮かべていたが、オレの表情が冴えないのに気づいて、心配そうにマユを寄せ、首を傾げた。

「ヒデ様、どうされたんですか……お顔色が、よろしくないです」

オレは、スコアシートを画面のほうに向けて、説明に替えた。

数秒の間に続いて、エリカのやさしい声が、うつむくオレの耳に入った。

「ヒデ様、もしかして、マークシートを、ぜんぶ塗りませんでしたか？」

「えっ――!?　エリカ、なんでわかるんだ!?」

驚いて、オレは顔を上げた。占い師を先生に選んだおぼえはないんだが。

「絶対とは申せませんが、すべてのマークシートを塗った場合には、たとえすべての問題を勘で答えても250点以上になることが多いのです」

「おい、待ってくれよ。オレの英語力って勘以下なのか？」

思わず苦笑してしまったが、エリカは真剣な表情のままだった。

「いえ、そうではありません。TOEICテストはリーディングで読む英文が多いので、900点近くならないと、すべての問題を解き終えることは難しいのです。なので、ほとんどの受験者は、最後のほうは勘でマークして、その数十点が本来の実力に加算されるのです。それをしなかったヒデ様は、まじめで素敵ですし、とても男らしいと思います。さすが、ワタクシのご主人様です！」

笑顔で両手の拳を振ってはしゃぐエリカは、演技をしているようには見えない。まさか200点以下でホメられるとは、夢にも思わなかった。

「ってことは、ぜんぶ塗れば、こんなオレでも250点以上に――？」

「なります！　ちなみに、TOEIC受験者のあいだでは、時間がなくなって勘でマークすることを『塗り絵』と呼びます。ヒデ様も、今後は、塗り絵を習慣づけて、忘れないようにしてくださいね」

今後は――という言葉は、今後の継続受験を予期させるものだが、それも悪くないかもしれない。オレは、そんなふうに思い始めている。

「『塗り絵』で、まずは200点突破か――」

220点以上なら、最低ランクのレベルEは卒業できる。まずは、せめて、そのくらいは実現させたい。最低ランクというのは、いい気分じゃないから。

「ヒデ様、その意気です！　次の受験が楽しみですね！」

エリカとのやりとりが、どんどん楽しくなってきつつある。

オレの人生で、こんなにもワクワクすることは、本当に久しぶりだ。

ブラック企業で日常を過ごしているからこそ、これは、やみつきになる。

オンライン英語塾ＯＥＪとエリカは、オレの人生に現れた、大きな希望だ。

Chapter 2 Summary

本日もOEJをご利用いただき、ありがとうございました！

また、先日はTOEIC（L&Rテスト）の初受験、おつかれさまでした！

TOEICは、マークシートのみの試験なので、クイズ感覚で受験でき、あなたの英語力を測定できます。ただし、すべての問題を時間内に解くことは難しいので、スコアが下がりすぎて自信喪失しないように、たとえ勘でも、すべてのマークを塗ったほうが良いでしょう。最後の数分はマークシートを塗るためだけに確保しておかれることを、オススメいたします。

これからもワタクシどもOEJといっしょに、楽しく英語学習しながら、あなたのTOEICスコアと英語力を、どんどん高め続けましょう！

オンライン英語塾　OEJより

Chapter 3

英単語と英文法の学習

第三章　英単語と英文法の学習

𝒦10

記録を測定するから成長できる

　ＴＯＥＩＣテスト初受験のスコアを４回目の授業でわたしが報告した時、ケンエイくんは本当に嬉しそうに微笑んでくれて、それだけで、しあわせな気持ちになりました。

「学生時代から英語勉強してなかったのに、いきなり３５５点なんて、マジすごいじゃん。希美子、オレが見込んだ通り、やっぱり、できる子だよな！」

「そ、そんな……そんなことないわよ。マグレかもしれないし――」

　思わずニヤケてしまうのが自分でもわかりましたが、わたしもいい歳なので、いったん浮かれたあとに、現実的で冷静な考えが戻ってきました。

「正直なところ、きちんとわかった問題は少なかったから……」

「希美子、なに言ってんの。ブランクがあるんだから、そんなの当然だよ。なにも準備せず、いきなり３５５点も獲ったんだから、マジで立派なスコアだって。きちんと勉強したら、希美子は、まだまだ伸びるのは間違いなし！」

　ケンエイくんのこうした前向きなところには、いつも勇気づけられます。

「そんなふうにケンエイくんが言ってくれるなら、英語の勉強、本気でやってみようかな……でも、なにをどうすれば良いのか、まったくわからなくて」

「なに言ってんの。そのためにオレがいるんじゃん。ちなみに、オンライン英語塾ＯＥＪで受講者の方たちに最初にＴＯＥＩＣを受験してもらうのは、その方のレベルを知るためなんだ。希美子の実力と可能性が、よくわかったよ」

「だけど……マークシートのテストで、英語力を測れるのかな？」

「ＴＯＥＩＣは、ほんとに良くできたテストで、マグレで良い点は獲れないようになっている。多くの企業や学校が昇進や入学の基準にＴＯＥＩＣを採用しているのは、それだけ信頼性が高いからなんだ」

　たしかに、夫の会社でも——と言いかけた言葉を、わたしは飲み込みました。ケンエイくんとの会話は夢を見ているような、魔法をかけられているような時間ですから、夫の話をして現実生活に引き戻されたくありませんでした。

「陸上競技とか水泳みたいな記録を競うスポーツを練習する時、アスリートはタイムを測って、ベスト更新を目標にトレーニングするよね？　それと同じ」

「ＴＯＥＩＣのスコアは、陸上競技のタイムみたいなもの、ということ？」

「そう。やみくもに勉強しても、その学習が結果に結びついているかどうかは、なかなかわからない。だから、ベストタイム更新を目ざすアスリートのように、ＴＯＥＩＣスコア更新を目標にすることが、理想の英語勉強法なんだ」

迷いなく断言するケンエイくんの口調は、頼もしく感じられました。

「ケンエイくんがコーチしてくれるなら、わたし、がんばれそう！」

４回目の授業も、一瞬のように感じられる15分間でした。ケンエイくんから「もう終わっちゃうね。延長する？」と聞かれて、かなり迷いました。気持ち的には延長して、ケンエイくんともっと話したかったのですが、まだ心の準備ができていなかったので、思いとどまりました。本音を言えば、日常生活のことなんか忘れて、ケンエイくんと何時間でも話し続けていたいのですが……。

H11
TOEIC900点という夢

　仕事のほうは、あいかわらず残業続きで、目やカラダの疲労は蓄積されていたが、それでもオレの心は、オンライン英語塾ＯＥＪとエリカのおかげで、いつになく弾んでいた。終電近くでもいつも混雑する電車の中で吊り革につかまりながら、オレは、先日の５回目の授業のことを思い出していた。５回目の授業では、今後の英語学習で目ざす目標をエリカに宣言することが宿題になっていた。

「できれば、ＴＯＥＩＣスコアを、どんどん高めていきたい――。初受験のスコアがあまりにも悪かったから悔しくて。５点でも10点でも上げたい」

　オレがそう宣言すると、エリカは頼もしそうに微笑してくれた。

「ヒデ様、素晴らしいです！　目標を高く持って、正しい勉強法でこつこつがんばれば、夢の９００点突破だって実現可能ですよ！」

　なにげなくエリカがもらした言葉に、オレは敏感に反応した。

「９００点――!?　今、１７０点のオレが？　いくらなんでも、無理だろう」

　英語アレルギーの自分がＴＯＥＩＣ９００点を獲得する可能性なんて、エリカに言われていなければ、想像さえできなかった。オレの会社では、TOEIC900点を突破すれば特別ボーナスが支給されるが、実現した人は、いないかもしれない。オレが尊敬する直属の上司、松乃部長は890点を獲ったことがあるそうだが、あの有能な松乃部長でさえ到達できないスコアなのだ。

「無理ではありません！　ヒデ様に合った学習法を、ワタクシがご提案させていただきます。それを地道に継続していただければ、決して不可能ではありません。ヒデ様は、ワタクシのことが信じられませんか？」

エリカは、悲しそうな目で、オレを上目遣いに見つめる。自分好みの容姿のカワイイ女子から、こんな小動物みたいな愛くるしい目で見つめられて、相手を否定できる奴がいたら、人の心を持たない鬼だろう。オレには、できない。

「い、いや――エリカを信じてないわけじゃないんだけどさ……」

泣きそうな顔から、一転してエリカは笑顔になる。

「では、いっしょに、がんばりましょう！　ワタクシ自身、ヒデ様がこれからどんどんスコアを高めて、900点を突破されるところを見てみたいです！」

この子を喜ばせるために、という理由だけでも、TOEIC900点を目ざす価値はあるかもしれない。今はまだ妄想段階だが、今、170点のオレが本当に900点を突破するようなことがあれば、そんなにも痛快なことはない。

ＴＯＥＩＣ９００点を突破してガッツポーズしている自分の姿を想像して、オレは電車の中にいることも忘れてニヤニヤしてしまった。気がつくと、目の前の座席に座るＯＬがドン引きした顔でオレを見上げていた。オレは慌ててクールな表情を装ったが、心の中のワクワクを抑えることはできなかった。

K11

わたしたち家族の新しい話題

連休に一希が実家に戻って来たので、久しぶりに親子3人で夕食のテーブルを囲みました。夫婦だけで食事をする時より、料理にも気合いが入ります。

数週間ぶりに会う一希は、以前より急に、たくましくなったように見えました。母親としてのヒイキ目もあるかもしれませんが、それだけとは思えません。人生で初めて実家を離れて、大学生として、ひとり暮らしをしているのですから、短期間で人間的に大きく成長しても不思議はないでしょう。

「一希が家を出て行ってから、母さん、寂しそうにしていたんだぞ」

そう言う夫の口調は明らかに冗談混じりだったので、一希は「ウソでしょ？」と言いたげにマユを寄せて、わたしと夫を交互に見て、笑いました。

「ぜんぜんそんな感じしないじゃん。オレがいなくなって、母さん、むしろ、のびのびできてるんじゃないの？　なんか前より綺麗になった感じだし」

「まあ……一希ったら。いつの間に、そんなに、お世辞がうまくなったの？」

「そりゃ、大学生だから。女子の機嫌を取るのに毎日必死なんだよ」

息子にホメられて嬉しい反面、素直に喜べないのは、ケンエイくんとのことがあって、弾んでいる気持ちを見透かされた気もしたからです。

「のびのびどころか、一希、母さんは最近、急に英語を始めたんだ」

「——え、なにそれ？　なんでまた急に？」

「一希のお世話がなくなったから、時間を持て余しちゃって。インターネットでなにかすることはないかと検索したら、良い英語塾が見つかって」

「母さんは、先日、ＴＯＥＩＣを初受験してな。３５５点だったんだ」

夫の口調は少し誇らしげだったので、わたしは恥ずかしくなりました。

「まあ、だれかに自慢できるほどの、すごい点ではないんだけど」

「マジかよー。オレでも受けたことないのに……。大学では、ＴＯＥＩＣを受けさせられるみたいなんだけど、まさか、母さんが自分で受けるなんて」

一希は、信じられない、という顔になっていました。たしかに、オンライン英語塾ＯＥＪに出会ってからのわたしの変化は、自分でも信じられないほどです。

「受けたと言っても、お父さんには遠く及ばないスコアよ」

「父さんは——前に会社で受けさせられたんだっけ？　ベストは何点？」

「７８０点だ。９００点を獲ればボーナスが支給されるんだが、さすがに、そこまで本格的な学習はできなかった。だが、今後、もし希美子や一希に追いつかれそうになったら、久しぶりに奮起しても良いかもしれないな」

夫は本気の口調ではありませんでした。もちろん、そんなことが起こるとは考えにくいです。若くて、いくらでも伸びる可能性がある一希はともかく、わたしが夫のスコアに迫るだなんて――。

「今の倍以上もスコアを上げるなんて、想像もできない」

「オレも。そもそも、大学では、そんなハイスコアを獲る必要ないし」

夕食時にＴＯＥＩＣの話が出るなんて、ほんの少し前には考えられなかったのに、その話題で盛り上がってしまったのだから、人生というのは不思議です。

夫のスコアは、わたしから見ると高すぎて目標にするには遠いですが、これから受験する一希なら、もしかしたら、わたしの良いライバルになってくれるかもしれません。楽しく食事しながら、そんなことも考えていました。

H12　ハイレベルな同僚たち

職場のスタッフに出入りがあり、仕事のプロジェクトに区切りがついたタイミングで、近場の居酒屋で歓送迎会が催された。オレのテーブルには松乃部長と、同じ部署の先輩・黒井さん、それに、新人の派遣社員・八代《やしろ》さんがいた。

「八代さんは、なにか休日にする趣味はあるの？」

そう話を振ったのは、いつも場を仕切りたがる黒井さんだった。オレより背が高く、名前の通り色黒で、遊び人っぽい雰囲気の人だ。歳はオレよりひとつかふたつ上で、今の会社で働いている年数はオレより5年長い。

「将来のことを考えて、英語を勉強しようかと思っていて――」

そう答えた八代さんは20代前半の女性で、新卒社会人のような初々しさがある。オレの娘でもおかしくない年齢なので、その若さが、なんだか微笑ましい。

「英語を勉強――と言うと、英会話スクールに通うとか？」

やさしい声で尋ねたのは、松乃部長。八代さんは首をかすかに振る。

「いえ、実は、ＴＯＥＩＣのハイスコアを目ざしてみようかと思っていて」

ＴＯＥＩＣ――という言葉で、オレは、ドキッとさせられた。以前なら聞き流していたかもしれないが、先日、自分が初受験したところなので、つい意識してしまう。ほかの男性陣も反応し、黒井さんが前のめりになって尋ねる。

「ハイスコアって、どのくらい？　八代さんは今、どんなレベル？」

「大学生の時に７４０点は獲って、少し間隔が空いたんですけれど、これからお仕事の合間に勉強して、９００点を目ざしてみようかな、と」

八代さんの返答を受けて、黒井さんは松乃部長のほうを見た。

「そう言えば、たしか、部長は９００点近い点を獲られてましたよね？」

「私は８９０点まで行ったが、そこで断念したよ。実は、妻は９５０点を獲得しているんだが、私は、何回挑戦しても、９００点の壁を超せなかった……」

少し寂しそうな顔になる松乃部長。部長の奥さんが、そんなハイスコア保持者だとは今までまったく知らなかったので、オレは驚いた。

「部長の８９０点もすごいですけれど、奥様は９５０点だなんて――ほとんど満点じゃないですか！　部長の奥様は、帰国子女さんかなにかですか？」

八代さんが強い興味を示す。オレも部長の奥さんの信じられないほど高い英語力に興味が湧いたが、質問するより前に、黒井さんがクチを挟んだ。

「オレは、大学時代にＴＯＥＩＣで６２５点を獲ったんだけど、それから20年以上も受けてないなぁ……。叶ちゃんは、受けたことあるの？」

ほかの３人がそれぞれ６００点台、７００点台、８００点台というオレから見ると雲の上のようなスコアなので、「先日初受験して１７０点だったけど、できれば、いつの日か９００点を獲りたい」なんて、恥ずかしくて、さすがに言い出せなかった。そもそも、現在のスコア１７０点で９００点を目ざすというのは、あまりにも大それた夢なのかもしれない……。

「いや、１度も受けたことないんすけど……。意外に皆さん受けてるみたいですし、そんなに流行ってるなら、オレも近々、試しに受けてみようかな……」

そんなふうに言いながら、ウソをついてしまったことに、オレは、強い罪悪感を抱いていた。と同時に、一日も早く、他人に話しても恥ずかしくないスコアを獲りたい、という気持ちは強まった。

K12

英単語と英文法の本の選び方

夫だけでなく息子・一希にもTOEIC学習を宣言したことで、いよいよ学習する意欲が強まってきました。前回、ケンエイくんから出された宿題は、「本屋さんで、自分の使いたい英単語と英文法の本を1冊ずつ買ってくること」。自分に合いそうなものをフィーリングで買って良いとのことですが、本の後ろのほうにある、「奥付《おくづけ》」と呼ばれる、発行日と何回刷られた本かが書かれているページをチェックする方法を教えてもらいました。

具体的には、ケンエイくんは、こんなことを言っていました。

「英単語や英文法の本は、つねに新しいものが出ているから、自分に合ったものを選ぶのは大変だと思う。本屋さんでは、本棚で背表紙だけ見える本より、平積みで表紙が見える本が目立っているんだけど、新しい本というだけで平積みになっているケースも多いので、発行日をチェックするんだ。何年も前に出た本なのに、いまだに平積みになっているのなら、多くの学習者のバイブルになってる、ってことだから信頼できる。それと、最初に刷った本がなくなると新たに刷られるから、何回も刷られている本であれば、内容も良いものである可能性が高い。ただし、帯とかに目立つように何十万部とか何百万部突破と書いてあるものは、その著者とか、そのシリーズの累計部数ということも多いので、その本1冊の評価としては、あまり参考にならないケースもあるよ」

英語本に限らず、そんなふうに本を見たことがなかったので、ケンエイくんの話は新鮮でした。授業の翌日、さっそくターミナル駅近くの大きな本屋さんに行って、英語本のコーナーを覗いてみました。前に英語本コーナーをチェックしたのが、いつだったか……と考えても、思い出せないほど昔です。もしかしたら、学生時代以来、英語本を目にしたことがなかったような気さえします。

その本屋さんには「英語」というコーナーとは別に「ＴＯＥＩＣ」、「英検」というコーナーが、それぞれ独立してありました。わたしの英語学習はＴＯＥＩＣをベースにすることになりそうなので、まずＴＯＥＩＣ関連書籍が並ぶ本棚のところに行ったのですが、書名にＴＯＥＩＣと入っている書籍だけで大きな本棚ふたつぶんあり、驚きました。数百冊にはなるでしょうか。どれを選べば良いのか見当もつきませんが、ケンエイくんのアドバイスに従って気になった本の奥付をチェックし、数年前に出ているのに目立つ場所に平積みになっていて、なおかつ何回も増刷しているらしい英単語と英文法の本を1冊ずつ、表紙がわたしの好みで本の中のレイアウトが読みやすそうなものを選びました。

2冊合わせると３０００円くらいになりました。ＴＯＥＩＣのために初めてお金を使ったら気持ちが大きくなって、次回アクセスするオンライン英語塾ＯＥＪでは、無料の15分だけでなく、30分予約してみようかな……と、本屋さんから自宅への帰り道で考えていました。

ＯＥＪでは、教師から与えられた宿題をクリアできていれば最初の15分は無料で、その後、15分延長なら５００円、合計30分延長なら１０００円、合計45分延長なら２０００円……と、15分ずつ料金が倍になる仕組みのようです。また、最初に時間を予約する際、前回の宿題をクリアできていなければ最初の15分から５００円となり、以後、15分ごとに料金が倍になるようです。

今回、わたしは初めて30分予約したのですが、宿題はクリアしているので、最初の15分は無料で、追加15分ぶんの５００円だけ必要、ということになるはずです。ケンエイくんといつもの倍の30分話せるなら、５００円は決して高くないと感じます。わたしが英語学習に臨むことは夫と息子にも宣言していますから、むしろ、このくらいの出費はあるほうが自然でしょう。

手の中のスマホを通して、今日も、夢のような時間が始まります。

「希美子、今回、初めて30分予約してくれたんだね。希美子のそのヤル気が、マジで嬉しいよ。オレも、ダンゼンはりきっちゃうな！」

ケンエイくんが嬉しそうに微笑すると、しあわせな気持ちになります。

「やっぱり15分だけだと、もの足りなくて。30分でも足りないくらい」

「嬉しいこと言うじゃん。いつでも延長してくれていいよ。希美子が本気になればなるほど、教えるオレとしても気合いが入るからね」

「さっそくだけど、前回の宿題――。本屋さんで、英単語と英文法の本を1冊ずつ買ってきたわ。ケンエイくん、見える？」

わたしは、購入した2冊の本をスマホのカメラのほうに示しました。

「お、それをチョイスした？　さすが希美子、いいセンスしてるじゃん」

「どの本が良いのか、正直、わからなかったんだけど……ケンエイくんが教えてくれた、発行日と何回刷られているかをチェックする方法で、だいぶ候補を絞り込むことができたかも。でも、最後には自分の好みで選んじゃった」

「それでいいんだよ。英単語や英文法の本と学習者の相性は人それぞれだから、本屋さんで自分で選ぶことに意味があるんだ。だれかに勧められた本をネットで買うより、本屋さんで自分で探した本のほうが、絶対に身につくから」

「でも、この本を、どう使えば良いのかしら……」

「じゃあ、それについて、解説しようか――」

ケンエイくんと話しているだけで楽しいのですが、この時は、ケンエイくんの魅力より、彼が話してくれる英語勉強法に興味が湧きました。ケンエイくんとお話しすることがメインの目的なのは変わりませんが、英語学習それ自体への興味も、日増しに強まりつつあるのかもしれません。

H13 ― 英単語の正しい覚え方

エリカの助言に従って、オレは書店で英単語と英文法の本を1冊ずつ購入した。それをどう使えば良いのかわからないので、エリカの指示を仰いだ。

「ヒデ様、英単語と英文法の学習法は、基本は同じです。たとえ少しずつでも毎日読むことを継続し、わからないことを放置しないのも大切です」

「わからないことを放置しない、つっても……わからないものは、自分で解決できるとは思えないから、わからないままなんじゃないかな……」

「まず、英単語について、です。ヒデ様は、どのように英単語を覚えますか？　試しに、そのお手元の単語本で知らない単語をひとつ挙げてみてください」

言われて、オレは単語本をパラパラとめくり、目についた単語を選んだ。単語の発音がカタカナで記されているので、知らない単語でも発音はわかる。

「えーっと、これは見たことないな。エンスージアズム(enthusiasm)? 意味は『熱狂』、か……。こんな単語、見たことない。ぜんぜん知らないな」

「だれでも最初は知らないのですから、知らないことは問題ありません。どのように覚えるか、が重要です。たとえば、ヒデ様が、enthusiasmという単語の綴りと『熱狂』という意味を見たとします。そこで、『ふーん、こんな単語があるんだな、知らなかった。じゃあ次の単語』という感じで進めてしまうと、その英単語を覚えたことにはなりません」

エリカのenthusiasmという発音は、あえてカタカナで表記するならインスゥーズィエァズムに近い音に聞こえた。外国人——ネイティヴというのか——のような発音で、驚かされた。エリカは、外見がカワイイだけでなく、本当に英語ができるのだろう。ひとつの単語の発音を聞いただけで、それはわかる。

よく考えると、オンライン英語塾ＯＥＪの先生たちは、何者なんだろう? 若い男女ばかりだと思うのだが、みんなが英語の達人なんだろうか……?

そんなことも気になりながら、エリカには別のことを尋ねた。

「よくわからないな……。じゃあ、どう覚えればいいの？」

「その英単語の綴りを見て、発音と日本語の意味が1秒以内に浮かぶかどうか。さらには、日本語の意味から逆に英単語の綴りと発音を1秒以内に思い浮かべられるかどうか――というのが、ひとつの英単語をマスターする基準です」

「1秒以内に、って……知らない単語を、それは無理だろう！」

「具体的には、たとえば、enthusiasmなら、enthusiasmという単語の綴りを見ながら、インスゥーズィエァズムという発音と『熱狂』という意味が浮かぶまで、くり返すのです。お手本のネイティヴ音声が付属CDやダウンロード音源としてついている場合には、それを聴いてマネるように。もしお手本となる音声がついていなければ、インターネットにあるさまざまな英語辞書で、ネイティヴ音声を流して、それをマネられたら理想的です。本に載っているenthusiasmという綴りを見ながら、インスゥーズィエァズム、熱狂、インスゥーズィエァズム、熱狂……と、覚えられるまで声に出して。声を出せない状況の時には、脳内で英語の綴りと音と日本語の意味を何度も思い浮かべるのです。このトレーニング方法を『脳内イメージング』と呼びます」

「でもなー、その『脳内イメージング』で何十回くり返したところで、難しい単語は覚えられないんじゃないかな……」

「いえ、なかなか覚えられないのは、実は、刷り込む回数が少ないことが原因で、何十回もくり返すと、どんな難しい単語でも必ず覚えられます。逆に、日本語の意味から英単語の綴りと発音を思い出す際、なかなか綴りを覚えられない場合には、何度も紙に綴りを書きながら日本語の意味と英語発音をクチに出すか『脳内イメージング』で何十回もくり返すと効果的です」

「そんな……ただくり返すだけで、覚えられるもんなのかな……？」

正直、オレは半信半疑だったが、エリカは確信に満ちた顔でオレを見る。

「ヒデ様、単純なようなのですが、単語の覚え方は、この方法に尽きるのです。これが、単語の覚え方の基本で、上級者になっても変わりません。この正しい覚え方をマスターすれば英語力の上達が早まりますし、逆に、いい加減な覚え方を続けていると、そのぶん上達も遅くなります。正しい方法をこつこつ継続すれば、あっという間に単語力は高まり、TOEICスコアもアップしますよ」

そんな簡単なものなんだろうか、という疑問は正直あったが、単語の覚え方を聴いたのはそれが初めてだったので、とりあえず試してみようかと思った。

エリカからは、オレが買った英単語本に載っている最初の50個を、次の授業までに覚えることを宿題にされた。すべて覚えられたら次回も無料だが、覚えられなければ課金されるらしい。エリカとの授業は楽しいし彼女への感謝の気持ちもあるので、お金を払うことに抵抗はないが、がんばって英単語を暗記できたら無料にしてもらえるなら、がんばり甲斐がある。50個も覚えられるかわからないけれど、まずは、やれるだけやってみよう。

K13 わからないことを見つける

先日の授業でケンエイくんから聞いた英単語と英文法の学習法は、わたしの学生時代には聞いたこともなかった方法で、とても新鮮でした。英単語については、英語から日本語、そして、日本語から英語も1秒以内に思い出せるようになるまで、何度でもくり返し刷り込むこと。そして、英文法については——。

先日、自分で選んで買ってきた英文法の本（英文法が項目別に解説されている本）を読みながら、あの時のケンエイくんの話を思い出します。

「もし希美子が自分の弱点になっている英文法がわかっているなら、文法書のその項目を理解できるまで何度も読み返せばいい。だけど、初級者や中級者は、なにが自分の弱点かさえ、わからないものなんだ。そうした場合には、文法書を最初から丁寧に読み、理解できたら先へ読み進めながら、わからないことにぶつかったら、わかっているところまで必ず戻ること。これをひたすらくり返すだけだ。わからないことは、もちろん、オレに聞いてくれてもいいけど、自分で文法書を読み返して解決できるなら、それが理想だよね」

「たしかに、今のわたしは、自分が英文法のなにがわかっていないのかさえ、わかっていないわ。じゃあ、文法書を前から順番に読めばいいのね?」

「そういうこと。念を押すけど、読みながら、文法書に書かれている解説をきちんと理解できていることを、定期的に確認してね。もし理解できていないなら、理解できているところまで、何度でも戻るんだ。この姿勢を妥協しないことが、英文法をきちんと身につけられる唯一の方法だからね」

ケンエイくんの話は、あたりまえのことのようですが、よく考えると、わたしの学生時代には、わからないことはあきらめて放置していた気がしました。

読み始めた英文法の本には、最初は、品詞についての解説がありました。名詞は、なにかの名称を示す単語。動詞は、動作を示す単語。形容詞は、名詞を修飾する。副詞は、名詞以外を修飾する……など、基本的な知識から学習し直すのは、とても新鮮な経験でした。学生時代にも学んでいるはずなのですが、20年以上が経過すると、ほとんど覚えていなかったのです。これでよくＴＯＥＩＣ３５５点も獲れたものだと、自分でも感心してしまいました。

ケンエイくんの指導の下、英単語と英文法の基礎固めを始めてから約３週間、オンライン英語塾ＯＥＪを利用し始めてから約２か月が経過する頃、わたしは、いよいよ２度目のＴＯＥＩＣ受験の日を迎えようとしています。次の受験では、何点を獲得できるのでしょうか。スコアダウンだけはしたくないものです。

Chapter 3 Summary

本日もOEJをご利用いただき、ありがとうございました！

英単語や英文法の本は、自分のフィーリングに合うものを本屋さんで自分で手にとってみて選ぶことが大切です。本が多すぎて選べない場合には、大きな本屋さんで表紙が見える平積みになっている本の後ろのほうにある奥付と呼ばれるページをチェックします。刊行日が古いもの、何度も刷られているものを選べば、信頼性の高い本である可能性が高いです。ただし、累計何万部という表記は、その著者やシリーズの全著作の累計で、その本だけのセールスではないことが多いので、注意してください。

英単語の暗記では、英単語を見た時に1秒以内に日本語の意味と発音が浮かぶまで、同時に、その日本語の意味から英単語の綴りと発音が1秒以内に浮かぶまで、くり返し脳内にインプットすることが大切です。
覚えられないのは回数が足りないからで、くり返せば、必ず覚えられます。

英文法の学習では、文法書を前から理解していることを確認しながら読み進め、理解できないことにぶつかったら、理解できているところまで戻ることが大切です。

これからもワタクシどもOEJといっしょに、楽しく英語学習しながら、あなたのTOEICスコアと英語力を、どんどん高め続けましょう！

オンライン英語塾　OEJより

Chapter 4

英語力のゆるやかな上昇

第四章　英語力のゆるやかな上昇

H14 ―― 密かな決意

　オレが買った英単語本に載っている最初の英単語50個を次回テストする――それが、エリカから与えられた課題。50個ぜんぶ覚えられていれば、その授業も無料だが、ひとつでも間違えれば料金が発生する。その場合、課金されるのは最初の15分が５００円、その後、もし授業時間を延長するなら、15分延長するごとに１０００円、２０００円……と、倍になっていくらしい。

　エリカにテストされるのは初めてだし、ひとつでもミスすると課金されると言われると、プレッシャーもある。全問正解なら無料だが、ミスすれば（最初の15分は）５００円――要するに、オレが英単語50個ぜんぶ覚えられるかどうかに、５００円を賭けるようなものか。

　次の授業を予約するのは数日後でも数週間後でも、オレ自身で自由に設定していいとのことで、テスト日を自分で決められる点は面白い。ただ、あまり時間をかけすぎても、かえって緊張感がなくなりそうなので、約1週間後に授業をまず予約してしまってから、英単語を覚え始めた。

いくつかの英単語は学生時代に見て1度は覚えたことがあるような気もするのだが、なにしろ英単語を暗記するなんて20数年ぶりのことなので、記憶は曖昧で、大げさではなく、なにひとつ覚えていないのに等しかった。

「プラクティス（practice）――練習する――という単語は、なんか聞いたことがあるな。エクスキューズ（excuse）――～の言いわけをする――は、もしかして、映画でたまに耳にするエクスキューズ・ミーのエクスキューズか……？　ああ、あれは、相手を邪魔したことについて、言いわけしてる、ってことだったのか……なるほどな」

そんなひとりごとをクチにしながら英単語をひとつずつ覚えるのは、受験生に戻ったようで、なんだかなつかしい感じだった。大学受験の時は、大学に入るために勉強しなくちゃ、という義務感やプレッシャーがあり嫌だったけれど、オンライン英語塾ＯＥＪは、強制されたものではなく、オレが自分の判断で続けていることだ。嫌になったらいつでもやめればいい、という気楽さが嬉しかった。

会社のほうは、あいかわらずのブラック企業ぶりで、残業が連日続いている。家で単語を覚える時間は限られるので、できるだけスキマ時間に見返すようにしていた。数日が経過したある日の昼休み、定食屋でランチしながら英単語本をパラパラ見ていたら、急に背後から話しかけられて驚いた。

「おい、叶ちゃん、なに読んでんだ？　お、英単語の本じゃん！」

「叶さんも、いよいよTOEICを受けられるんですか!?」

両側からオレの手元の単語本を覗き込んできたのは、黒井さんと八代さんだった。ランチしながら、こっそり英単語を覚えているところを同僚に見られて、オレは、ものすごく恥ずかしくなって、取りつくろうように照れ笑いした。

「あー、いや……これは、そんなんじゃないんすよ……。ほら、この前、英語の話になって、なんとなく学生時代の英語学習が、なつかしくなって……」

オレは本を閉じて表紙を隠そうとしたが、黒井さんが素早く、なかば強引にオレの手から本を奪った。表紙を見て、彼はニヤニヤした。

「へ？　なんだこれ、超・初級者向けのやつじゃん。こんな本で勉強してちゃ、TOEIC600点も獲れないぜ。叶ちゃん、もしかして、ビギナー？」

「いえ——だから、それは、ただのヒマつぶしみたいなもんで……」

ごまかすように笑うオレは、変な汗をかいていた。英単語本をカバンにしまい、食事を再開する。オレはカウンター席だったので、黒井さんと八代さんは、少し離れたテーブルに座った。食事を終えるまでのあいだ、ずっと嫌な気分が続いていて、会社や、その近くで英語の本を見るのはやめよう、と決意した。

いっそ英語学習自体をやめてしまおうか、という考えもよぎった。だけど、あそこまで露骨にオレをバカにした黒井さんをいつか見返したいから、今後もこっそり勉強を続けよう――と、自分だけの決意を新たにした。

K14　次の受験への期待

ケンエイくんの指導で、わたしが2回目のTOEIC（厳密にはTOEIC　L&R　IPテスト）を受けることに決まった数日後、一希からLINEで連絡が入り、一希も友達といっしょに次のTOEICを受ける約束をした、とのことでした。ただし、一希が受けるのは、わたしがオンライン英語塾OEJで申し込んで団体受験しているIPテストではなく、全国で一斉に実施される公開テストだそうです。

「まさか、希美子と一希が相次いでTOEICを受けるなんて……ほんの少し前には考えられなかったね。私も久しぶりに受けたくなってきたよ」

夫は冗談っぽくそんなことを言っていましたが、満更ではないようでした。一希だけでなく夫もTOEICを再開して、家族みんなで受験ということになれば、それはとても楽しく、有意義なことであるように思えます。

ケンエイくんによれば、オンライン英語塾OEJでは、学習者に月に1度のTOEIC受験を（強制ではないものの）推奨しており、前回受験から1か月以上受けなかった場合には、次に受けられるまで、最初の15分から必ず課金されるそうです。OEJがそこまで

ＴＯＥＩＣを重視していることに驚きました。

ケンエイくんが前に説明してくれたように、アスリートが記録を測ってベスト更新を目ざすのと同じで、英語力を高め続けるためには、その時々の英語力をＴＯＥＩＣで精確に測定する必要がある、ということなのでしょう。自己ベストを更新できなかった回のＴＯＥＩＣは受験料をあとでＯＥＪに払う必要がありますが、自己ベストを更新できれば毎回無料、というＯＥＪの仕組みは、がんばり甲斐があります。

ＴＯＥＩＣの公開テストは２月と８月を除く各月に１回ずつ年10回開催であるのに対して、ＯＥＪが利用者に機会を提供してくれている団体受験制度ＩＰテストは、２月と８月も含めて毎月複数回ずつ開催があるので、自分の都合で希望日を選べる点も便利で、魅力的です。

「２回目の受験は、間違いなくスコアアップするよ。オレが保証する」

ケンエイくんは、そんなことを言ってくれていました。たしかに、わたし自身も、それは予感としてありました。なにしろ、前回の初受験は、ＴＯＥＩＣがどんなテストかさえわからない状態での初受験だったのです。２回目の受験では、テスト形式にとまどう心配はありませんし、ケンエイくんの指導の下、英単語と英文法の学習をスタートさせていることも、無駄ではないはずなのです。

スコアアップできそう、という強い確信があると、受験日が待ち遠しいほどで、わたしは、2回目の受験には楽しんで臨むことができました。

H15 最初の小さな達成

エリカが英単語を綺麗な発音で順番にクチにし、オレが1秒以内に日本語で意味を答え続ける。そのあと、今度はエリカが日本語の意味を順番にクチにし、その英単語をオレが発音する。正直、オレの発音はぜんぜん正確ではなかったと思うが、自分でも信じられないことに、英単語50個、英語から日本語も、日本語から英語も、すべて正解できた。何回か瞬時に思い出せなくて慌てたが、1秒以内というのは、だいたいの感覚で良いらしく、2秒経過前には思い出せて、なんとか最後まで駆け抜けられた。この結果には、自分でも驚いた。

「ヒデ様、すごいです！　いきなり全問正解するご主人様なんて、滅多に、いらっしゃいませんから……さすがは、ワタクシのご主人様、ヒデ様です！」

正直に言えば、黒井さんにバカにされて闘争心を燃やしていなければ、全問正解できなかったのではないかと思う。だからと言って、彼に感謝しようという気にはならないが……。悔しさや憤りが原動力だとはいえ、50個の英単語をすべてきちんと覚えられた、という最初の小さな達成がオレの自信になった。

そのあと、エリカから2回目のTOEIC受験を推奨された。正直、まだ学習を始めたばかりなので早計という気もしたが、前回はマークシートをぜんぶ塗らなかったせいでスコアが下がったことをエリカから指摘された。すべてマークするだけで250点は突破できるはず、とエリカが言うので、オレ自身も早く受験したい気持ちが強くなった。黒井さんとの差を1日でも早く、少しでも縮めたかったからだ。ベストスコアを更新できれば毎回無料でTOEIC受験できる、というオンライン英語塾OEJのシステムも本当にありがたい。

ベストスコア更新が確実と言われると2回目の受験が楽しみで、それまでの数日間、仕事をしていてもTOEICのことを頻繁に考えていた。職場で黒井さんと話をする時、表面上は冷静さを保ちながら、(見てろよ、近い将来、あんたのスコアを追い抜いてやるからな……)と、心の声を彼にぶつけていた。

次回の授業の最初15分を無料にするための課題は、TOEICを受けるだけで良いとエリカは言ったが、オレのほうから思いつきを提案した。

「次回は、TOEIC2回目当日じゃなく、スコアがわかる頃に予約するつもりだ。だから、その日に2回目の英単語テストをしてくれないか」

エリカは一瞬だけ驚いてから、興奮ぎみに反応した。

「ヒデ様、素晴らしいです！　それだけヤル気があれば、TOEICスコア、そして、ヒデ様の英語力が高まらないほうが、おかしいです。ヒデ様の次回のスコア、ワタクシも、今から楽しみです！」

そんなふうに励ましてくれるエリカに喜んでほしい、という気持ちも、もちろんある。黒井さんを見返したい気持ちだけじゃない。自分のベストスコアを5点でも10点でも早く更新したい強い衝動がオレの内側から湧いていたのだ。

K15 初めてのスコアアップ

2回目のTOEICでも、わからないことだらけでしたが、試験の形式については「そうそう、前も、こんな感じだった」と確認できて安心しましたし、最近覚えた英単語や英文法が少し出てきただけで嬉しくなりました。

リーディングでは、やはり、ぜんぜん時間が足りなかったのですが、ケンエイくんから「勘でもいいから、一応、すべての問題に解答をマークしたほうがいいよ」と言われていたので、ラスト数分はマークシートを塗るためだけに使いました。ケンエイくんによると、TOEICでは勘でマークすることを「塗り絵」と呼ぶことが受験者のあいだで定着しているそうです。そんな用語が生まれるほど、「塗り絵」する受験者が多いということでしょうか。少なくとも、今のわたしには、リーディングの問題をすべて時間内に解き終えるなんて、とても実現可能だとは思えないくらい、難しく思えるのですが……。

全体的な印象として、2回目のTOEIC受験は初受験より楽しく、充実したものとなりました。一希が初めて受けるTOEIC公開テストは、スコアが発表されるまでに3週間もかかるそうですが、わたしの受けたTOEICのIPテストは、1週間くらいでスコアシートが送られてくる点も魅力です。ポストに届いていた封筒を家の中に持って入り、開封する時にはドキドキしました。

2回目の受験のスコアは、次のようなものでした。

リスニング220 ―― リーディング190 ―― トータル410

前回からリスニングが20点、リーディングは35点アップして、トータルでは55点も上がって、400点を超えました。1か月でこんなにも上がると思っていなかったので嬉しく、さっそくケンエイくんに報告しました。

わたしがスコアシートを見せると、スマホ画面の中のケンエイくんは、いつも以上の素敵な笑顔で、わたしを祝福してくれました。

「おー、さすが希美子、やったじゃん！　祝・400点台突入！　100の位が変わると、嬉しいよね。マジで、がんばった甲斐があったよ」

「うーん……でも正直、まだまだ、わからないことだらけで……」

そう言いながらも、結果が出ると、やはり嬉しいものです。

「学習スタートしたばかりだから、そんなの当然だよ。これから、わかることが少しずつ増えていくにつれて、どんどん楽しくなるって。これからも、いっしょにがんばっていこうぜ！」

ケンエイくんがついてくれているのだから、なにも心配はしていません。楽しくて、なおかつ英語も身につけられるのです。こんなに嬉しいことばかり重なるなんて、本当に、信じられないくらい、しあわせな気持ちでした。

H16
予想以下のショック

ＴＯＥＩＣ初受験の時は、なにがなんだかわからないまま時間が過ぎていったのだが、2回目の受験では、どういうテストか、すでに知っているというだけで、精神的な余裕が前回とはまったく違った。少なくとも、前回のように、冒頭の例題の音声が流れている時に間違ってマークしてしまうことはない。

6枚の写真が並び、1枚ずつ正しい描写を選ぶパート1では、これはどのような時に撮られた写真なのかな、と想像するのも楽しかった。パート2からパート4の英文は、やはりまったく聴き取れないものの、最近は英単語本に毎日接しているせいか、初受験の時ほどは英語に拒否反応を示さなくなっていて、そんな自分の変化に驚かされた。

リーディングのパート5からパート7は、もちろん、今のオレの実力では解けるはずがない。それは前回と同じだが、エリカに教えてもらった通り、勘でマークする「塗り絵」を忘れないように気をつけて、マークする時間は充分に確保して初めて全問を塗った（ほとんどの問題は勘だが）。エリカの話だと、仮にすべての問題を「塗り絵」しても２５０点以上にはなることが多い、という話だった。つまり、オレの場合は、最低でも80点以上アップする、ということだが……。

試験日のあと、スコアシートが届くのを楽しみに待っていた。1週間後に届いた封筒を開いたオレは、ショックで固まってしまった。

リスニング 105　リーディング 140　トータル 245

リスニングは前回から10点アップ、リーディングは「塗り絵」のおかげで65点アップし、どちらも初めて3ケタのスコアになったものの、トータルは、245点……エリカが達成を予想してくれていた250点にすら届かなかった。

もちろん、オレはまだ英単語を少し覚え始めただけで、それで75点もアップしたのだから、不満を言ったら、バチが当たるかもしれない。だけど、本音を言えば、「すべての問題をマークするだけで最低250点は獲れるなら、もし勘が冴えたら300点とか400点台もありうるんじゃないか？」と、淡い期待を抱いていただけに、まさかの250点未満はショックだった。

パソコン画面の前で落ち込むオレを、エリカは慰めてくれた。

「リスニングもリーディングも初めて3ケタで、自己ベストを75点も更新するなんて、すごい成果ですのに……落ち込まれるなんて、おかしいです！」

「いや、でも、『塗り絵』をすれば、２５０点は超えるはず、とエリカは言ってただろう？そのスコアにさえ届かなかったことが情けなくて……」

「ヒデ様、そんなことをおっしゃらないでください。ＴＯＥＩＣは受験者の英語力を精確に測定してくれる試験ですが、リーディングの『塗り絵』に関しては、純粋な確率の世界ですので、多少のスコアの上下はありえます。それより、『塗り絵』ではなく、聴いて答えられたリスニングで10点アップしていることのほうに注目すべきです。短期間の学習でも、10点ぶん聴けるようになった、ということですから」

そういう考え方もできるのか、と、オレはエリカの励ましの言葉に感心させられた。彼女自身が考えて話している言葉か、そういうマニュアルが最初からあるのかはわからないけれど、正直、救われた気分だった。

「じゃあ、こんなオレでも、まだスコアアップできる、ってこと？」

「とーぜんです！　ヒデ様の成長は、これからですよ！」

K16

家族への気遣い

わたしのTOEIC受験は2回ともIPテストだったので、スコアシートは1週間ほどで発送されてきたのですが、一希が初受験した公開テストは結果がわかるのは3週間後なので、約2週間のタイムラグがありました。わたしの2回目のスコアは、あらかじめ一希には伝えてあり、一希からは、彼のスコアがわかったあと、すぐにLINEで、こんな簡潔な報告がありました。

「L230　R205　T435。次は負けるかも」

最初、そのアルファベットと数字の羅列が暗号のように見えて、一瞬、意味がわからなかったのですが、LとRは、すぐに、リスニング、リーディングのことだとわかりました。TはTOEICのT？　と不思議に思いましたが、そう言えば、スコアシートに合計スコアのことをTOTALと書かれていた気がするので、トータルスコア――合計点のことでしょう。初受験から、そんな気取った表記で結果を伝えてきたあたり、いかにも今時の子だという感じもします。

一希のスコアは、わたしに近かったですが、リスニングもリーディングもトータルも、一希のほうが少しずつ高かったことに、わたしは正直、安堵していました。30数年ぶりに英語学習を再開した母親にいきなり負けてしまったら、現役大学生の一希の立場がないかもしれない、と心配していたからです。

夫との夕食の席でも、当然のように、その話題になりました。

「一希のスコアは、大学生の初受験としては、なかなか悪くないんじゃないか。むしろ、希美子が、こうもすんなり４００点を超えるとはね」

「30数年前とはいえ、学生時代の貯金がまだ少しは残っていたのかも」

自分の歳を意識してしまうので、ケンエイくんには「30数年前」とは言いたくないのですが、同じ時間を過ごしてきた夫が相手だと、そんなことで気兼ねすることはありません。

それが夫婦というものでしょう。

「希美子とスコアが近かったことは、一希にとっても良かっただろう。いい歳の母親には負けられない、という思いもあるだろうし」

「それはわかるけど……ということは、わたしは一希のスコアを超えないように、今後、あまり勉強しないほうが良いのかしら？」

わたしにとっては真剣な悩みでしたが、夫は笑いました。

「希美子は、ずいぶん自信があるんだね。ふつうに勉強していたら、50代の主婦が、20代の大学生には、そう簡単には勝てないだろう。もし希美子に簡単に負けるようなら、それだけ一希がサボっていた、ということだ。だから、希美子は、むしろ一希に勝つつもりで今後も全力で臨んでほしいね」

夫はケンエイくんの指導のすごさを知らないので、無責任にそんなことを言いました。わたしとしては、息子のヤル気を削《そ》ぐつもりは毛頭ないのですが、夫がそう言ってくれたので、今後もせいいっぱい打ち込もうと思えました。

H17

覚えた単語も忘れないように

２回目のＴＯＥＩＣのスコアが判明した日は、予想より悪いスコアだったショックでオレが落ち込んでいたこともあり、予定していた単語テストの２回目は延期することをエリカが提案した。正直、単語テストをしてもミスを連発してしまいそうな心理状態だったので、素直に彼女に従った。２回目のＴＯＥＩＣでスコアアップできたので、単語テストを延期しても今回は宿題をクリアしたと見なしてくれる（今回も課金はされない）という。

「延期をご提案したのは、前回、単語テストの重要なルールをご説明し忘れていたこともあります。２回目の単語テストでは、今回新たに覚えていただいた50単語からランダムに選んだ半分の25単語を出題し、さらに、最初に覚えていただいた50単語から復習として25単語を出題させていただきます」

初回の単語テストの経験から、毎回50単語を覚えるなら、なんとかできるかもしれない、と思っていたのだが、エリカの申し出に、オレは少し怯んだ。

「ってことは、事実上、オレは２回ぶんの１００単語を完璧に暗記して、その中から50単語が出題される——ってことか」

「はい。毎回50単語ずつ覚えていただくだけでも、もちろん効果はあるのですが、復習しないと忘れてしまいますので、今後は毎回、それまでに覚えていただいた単語からも出題させてください」

「──毎回⁉　ってことは、3回目以降も？」

「3回目でしたら、新たに覚えていただいた50個の単語から約3ぶんの1の17単語を出題し、残りの33単語は、最初の2回で覚えていただいた100単語から出題します」

なるほど。その仕組みは理解できたが、それだと、回を追うごとに、全問正解するのが、どんどん難しくなりそうだ。毎回50単語を覚えて、それについて出題されるだけなら、全問正解をキープできるかもしれない。だが、答える数は50単語で変わらないとしても、出題される範囲は、50単語、100単語、150単語……と何倍にもなっていくわけだから、全問正解の難易度も何倍にもなる、ということだ。

オンライン英語塾OEJは、先生から与えられる課題をクリアできれば毎回（最初の15分は）無料という仕組みだが、クリアできなかった回は課金される。それはごく健全なビジネスモデルなので、異を唱える気はない。ビジネスとしては、いつまでも無料で利用されないように、このくらい難易度の高いハードルは当然、用意してくるだろう。

単語テストで毎回全問正解するのは難しそうだが、だからこそ、新たに気持ちが燃えてきた。オレのスコアは、まだ245点で、見返したい黒井さんとは、今なお400点近い開きがある。これを詰めていくには、自分に負荷をかける必要があることを、オレは理解していたし、それを強く望んでもいた。

「望むところだ。エリカ、どんどんオレを鍛えてくれ！　次回の受験では、もっと大きな成果を出したいから――」

決意を込めてオレが告げると、エリカは目を潤ませ、うなずいた。

「ヒデ様、素敵です！　さすがは、ワタクシのご主人様です！　ヒデ様がより大きな成果を出せるよう、ワタクシも全力でサポートさせていただきます！」

Chapter 4 Summary

本日もOEJをご利用いただき、ありがとうございました！

英語学習をしていると、「そんなことをしても意味がない」とバカにするドリーム・キラー（＝他人の夢を壊す人）が現れることが、よくあります。ドリーム・キラーのダメ出しを真に受けて落ち込むのではなく、聞き流して、密かに「いつか、あの人を見返してやろう」と決意すれば、学習の大きな原動力となります。

英単語を一定数ずつ新たに覚え続けることは素晴らしく、大きな意味のあることですが、いったん覚えた単語も、復習しなければ、順番に忘れてしまいます。せっかく覚えた単語を忘れないようにするためには、定期的に復習する「記憶のメンテナンス」が大切です。

これからもワタクシどもOEJといっしょに、楽しく英語学習しながら、あなたのTOEICスコアと英語力を、どんどん高め続けましょう！

オンライン英語塾　OEJより

Chapter 5

少しずつ学習を積み重ねる

第五章　少しずつ学習を積み重ねる

K17 新たな学習リズム

ケンエイくんの授業を1回15分で予約していたのは最初の数回だけで、初めて15分延長して以降は、毎回30分予約するようになり、さらに、15分延長して45分の授業を楽しむこともありました。

オンライン英語塾ＯＥＪでは、その場で延長を決めた人が優先される仕組みだと利用規約に書かれています。つまり、前の人が15分延長したら、わたしが予約した30分が15分に短縮されることもあるのです。そういう時は自分も15分延長すれば良いから問題ない――そう思っていたのですが、今回アクセスした時、初めて、「あなたの前の受講者が30分延長されましたので、別日の予約をお願いします」と注意書きが出て、わたしは思わず、手の中のスマホ画面に向かって、「えー！　そんなのアリ？」と不平の声をあげてしまいました。

ケンエイくんの授業がある日は、彼とデートするような弾んだ気持ちで、いつもメイクにも気合いを入れて、ウキウキしながらその時間を待ちます。自分の予約した授業が初めて別日に延期されたショックは、わたしの予想していた以上——というか、そんなことが自分の身に起きるとは予想していませんでした。

授業が延期になったショックを埋めたい気持ちは強く、数日後、空いている枠を見つけて、初めて1時間予約しました。スマホの画面にケンエイくんが現れた時、いつも以上に、しあわせな気持ちになりました。ケンエイくんは、わたしと目が合うと、その美しいマユを寄せて、申しわけなさそうな顔になりました。

「希美子、前回は、マジでごめん。希美子の前の生徒さんが30分延長してくれたから、希美子の授業が別日になっちゃって……希美子と会える日が延期になっちゃったから、マジで寂しかったんだぞ」

「もぉ、それは、わたしのセリフ！　ほんと、ショックだったんだから……」

「悪かった、って。そのぶん、今日は気合いを入れるからさ。あと、慣れてきた生徒さんは30分延長するケースも珍しくないから、45分とか、今日みたいに1時間予約してくれると、別日にならなくて済むからオススメだよ」

「そうね。次回からは、毎回1時間予約するようにする！」

1時間予約した場合、宿題の課題をクリアしていれば最初の15分は無料で、そこから15分ごとに、500円、1000円、2000円が課金されるので、合計で1時間3500円となります。もし課題をクリアできていなければ、最初の15分から課金されるので、1時間で7500円。最初無料だったことを考えると、かなりの高額となってしまいますが、そのくらいリスクのあったほうが、課題に真剣に取り組める気がします。ケンエイくんと過ごす時間の楽しさと、教えてもらえる知識の価値を考えると、1時間3500円でも決して高くないですし、彼から与えられる課題をクリアできないのは自分が悪いので、7500円を支払うことになっても仕方ないです。もっとも、この費用を夫に負担してもらうのは、さすがに気が引けるので、ケンエイくん——というか、OEJに投資するお金くらいは、またパートに出て自分で稼がなくちゃ、と思っています。

ケンエイくんから与えられる課題をきちんとクリアするのに数日はかかりますし、授業を1時間の枠で予約できるのは、だいたい1週間くらい先になります。そんなわけで、最近では週に1度、1時間、ケンエイくんの授業を受けるのが、わたしの新たな学習リズムとして定着しつつあります。

H18

単語を覚え続ける難しさ

エリカの授業では、次回までに50個の英単語を新たに覚えること、新たに覚えた単語と過去に覚えた単語の中から合計50個をエリカが出題して答えることが課題となる。全問正解した場合のみ、最初の15分無料をキープできる。

あとになってふり返ると、最初の50個を覚えるのは、それ以後に比べると、まったく大変ではなかった。2回目のテストでは、新たに覚えた単語から25個、前回の単語から25個が出題され、全問正解できたのだが、出題される範囲が倍の100語になると、記憶があやしい単語が増えた。さらに3回目のテストでは、新たに覚えた50単語から出題されるのは17個で、残りの33個は、前2回で出題される100語から出題される。要するに、テストの回数×50個をすべて覚えていない限り全問正解できないのだ。学生時代に学んだ単語はほとんど忘れているオレにとっては、すべての単語を新たに覚え直しているので、決して簡単なことではない。

「ヒデ様！　またまた全問正解です！　さすがワタクシのご主人様！」

4回連続で全問正解した時、エリカの声には、称賛だけでなく驚嘆の響きも感じられて、そのことが誇らしく、嬉しかった。

「もしかして、4回連続で全問正解って、珍しかったりする？」

「もちろんです！　初回の全問正解も決して簡単ではありませんし、2回、3回と進むにつれて、全問正解される方は、どんどん減っていくわけですから……」

「それなら、なにか賞品はないのかな？」

冗談で言ったのだが、エリカは嬉しそうに反応した。

「実は、ワタクシからご紹介しようと思っていたのですが、5回以上全問正解された方には、次回無料で15分延長できるクーポンが毎回発行されるのです。クーポンは1度に1枚しか使えませんので、遠慮なくお使いくださいね」

「それは嬉しいな。最初の15分だけだと、ほとんど単語テストだけで終わっちゃうようなものだし、慌ただしいんだよな。まあ、それを言うなら、オレが15分とか30分延長すればいいだけのことなんだろうけど……。いまだに無料で受講し続けている自分が、なんだかケチに思えてきたよ」

自嘲して苦笑するオレを、すぐさまエリカがフォローする。

「そんな……とんでもないです！　ヒデ様は、いつも夜の遅い時間に授業を予約してくださっていて、お仕事がとてもお忙しい日々なのではないかと思います。そんな中で、ワタクシとの15分を確保していただけるだけでも、とてもしあわせなことですから」

「ありがとう。本音を言えば、エリカとの話は楽しいし、いろいろ教われるから、いつ延長してもいいと思ってるんだ。だけど、せっかく単語テストで満点をキープして、ここまで無料で来てるから、行けるところまでは行ってみたい」

「ヒデ様、素敵です！　それでこそ、ワタクシのご主人様です！」

オレは今のところ無料で受講し続けているので、授業は毎回15分だけである。人気講師のエリカも、15分枠を予約するのは難しくない。ただし、単語テストで全問正解するためには、1週間くらいかけて毎日こつこつ記憶し続ける必要があるので、だいたい授業は週に1回ペースで定着しつつある。そうこうしているあいだに、もうすぐ3回目のTOEICの日を迎えそうだ。

K18

復習を仕組み化する

3回目のTOEICを受ける前夜、夫は、驚いていました。

「もう3回目か……よくコンスタントに続けているね。まさか、希美子が急にこんなにも英語に熱中するなんて、一希が家を出る2か月ほど前には、夢にも思わなかった。そのOEJというオンライン英語塾が、合ってるんだろうね」

「インターネット経由で自宅で受講できるんだから、便利な時代よね」

夫にはOEJにあまり興味を持ってほしくないので、自分からその話題は広げずに、愛想笑いでごまかしました。英語学習に打ち込んでいるわたしを夫が好意的に受け止め、理解してくれていることは純粋に嬉しいのですが、ケンエイくんの話をしていないのは後ろめたいところです。どこかで話すべきかも……と迷いながらも、なかなかそのチャンスを見つけられずにいます。

3回目のTOEICは、前2回以上に試験に慣れて、手応えとしても、できた実感がありました。ただ、リスニングで耳にしたりリーディングで目にしたりした時に、少し前に覚えたはずなのに、忘れてしまっている単語がいくつもあることはショックでした。皮肉なことに、その単語を少し前に記憶したことは覚えているのに、意味を思い出せないのです。年齢的な限界でしょうか。

　ケンエイくんの授業では、わたしの持っている英単語本から毎回、新たに50個覚えることが課題になっていて、過去に覚えた単語と合わせて合計50個が出題されます。新たに覚えた単語の記憶はハッキリしているのですが、少し前に覚えた単語も復習しないと、すぐに忘れてしまいます。わたしは、いつも何個も、多い時には10個以上も思い出せない時があってショックでした。

　歳をとるにつれて、記憶力が悪くなって——という愚痴は、自分の歳を意識してしまうので、ケンエイくん相手にはしたくありません。でも、まるでそんな思いを察してくれているかのように、彼から別の言葉で励まされました。

「記憶を定着させるには、定期的な復習がいちばん効果的なんだよ。社会人になって、学生時代より記憶力が落ちた——と、ぼやいている人が本当に多いんだけど、社会人は学生時代より必死に覚えていないし、テストもないので、ぜんぜん復習をしていない、ということだけが原因になっているケースが多い」

「うーん、たしかに、学生時代には小テストがあったり、定期試験があったり、大学受験も控えていたり、それなりに必死だったかもしれない……今は、英語を勉強しなくても困るわけじゃないから、なかなか必死になれないかも。それに、復習が、どうしても、おろそかになっちゃうのよね」

ため息をつくわたしに、ケンエイくんは、やさしい言葉をくれました。

「復習がおろそかになってしまうのは、復習を仕組み化していないからじゃないかな。たとえば、30分勉強するならラスト5分は、最初の25分で学んだことを復習する時間にあてる、とか。それを仕組みにしちゃうと復習が自然にできるので、オススメだよ。新しいことを学ぶ日と、復習の日——みたいに、別の日に分けようと考えていると、どうしても復習が不充分になっちゃうからね」

「毎日そのつど復習するということね。なるほど……」

最初は見た目で魅了され、それから性格の良さでもケンエイくんには惹かれていますが、こうしていつもタメになる話もしてくれるので、尊敬の念も日増しに強まっています。ケンエイくんは、まだ若いのに、どのように自分磨きをして、こんなすごい人になったのか……彼自身への興味も日増しに強まります。

H19

続けていれば蓄積される

TOEICを2回目に受けた時には、エリカに単語テストされたのも1回だけで――つまり、確実に覚えた英単語は50個だけで、そんなに自分が成長した感じもしなかった。

だが、3回目のTOEIC受験は、エリカの単語テストで5回連続満点を達成したあと――250個の単語をきっちりマスターしたあとだったので、TOEICを受けている最中にわかる単語が明らかに増えているのを感じた。

リスニングは、ほとんどなんと言っているのか聴き取れないし、リーディングの英文も、ぜんぜん意味はわからないのだが、知っている単語が10％くらいはある気がして、勘で答える際にも、なんとなく正解できてそうな予感は強まっていた。後日郵送されてきたスコアも、試験中の感覚を裏づける結果だった。

リスニング 145 ― リーディング 170 ― トータル 315

前回は、エリカが勘でも獲れると言っていた250点を下回ってしまい悔しかったが、前回と比べてリスニングは40点アップ、リーディングは30点アップ、トータル70点アップの315点！　初受験と比べると、トータル145点もアップして、2か月で倍近い点になったわけだから、素直に嬉しかった。と同時に、まだ黒井さんのスコアの半分くらいなので、油断や慢心することはない。黒井さんに追いつくには、このスコアを、さらに倍にする必要がある。

3回目のTOEIC当日の授業は、TOEICを受けただけで課題をクリアできているので、単語テストはお休みだった。その約1週間後は6回目の単語テストを受ける予定の日だったが、テストの前に、オレの表情でエリカはスコアアップを察した。スコアシートを見せると、彼女は天使のような笑顔になった。

「ヒデ様、300点突破！　短期間での成長、ほんとに、すごいです！　おめでとうございます！　さすがは、ワタクシのご主人様です！」

エリカの表情も声も、心からのお祝いの気持ちが感じられて、とても演技とは思えなかった。まだ黒井さんにはバカにされそうなスコアだが、オレの小さな前進をいつも全力で祝福してくれるエリカには感謝したい。

オレも人間なので、初の300点突破で浮かれた気持ちも少しあった。いつもより集中力を欠いていたが、それでも、なんとか単語テストは6回連続で全問正解を達成できた。

これで英単語300語はマスターしたことになる。300語で300点というのは、わかりやすくていい。

前々回にゲットした15分無料クーポンを予約時に使用したので、この日は初めて30分の授業で、それもあり、いつもよりゆったりした気持ちだった。

「前回、3回目受験の日に、ヒデ様が『10％くらいわかる気がする』と、おっしゃっていましたが、TOEICで頻繁に出題される必須単語は3000個とされています。つまり、ヒデ様の感覚は正しかったのです」

「なるほど。けど、ちょっと待ってくれ……ってことは、現在の10倍も覚えなきゃいけない、ってことか？」

仮に週1回ペースの授業で50個ずつ覚えるとすると、あと54週間——1年以上かかる計算になる。気が遠くなりそうだった。

「そうですね、ヒデ様が目標とされる900点を達成するためには、必須単語3000はマスターしていただく必要がありますけれど、こつこつ積み重ねていると、いつの間にか辿りついているものなんです。たとえば、今から1000時間ひたすら寝続けてください、と言われたら、だれにもできませんけれど、毎日数時間寝て、それが蓄積されたら、いつの間にかトータル1000時間睡眠は達成できますよね？　英単語の記憶も、そんなふうに積み重なっていくのです」

「なるほど。言われてみれば、そうかもしれない。毎日少しずつ、だな――」

いつも単語テストだけで授業が終わってしまうのだが、今日はクーポン使用で初めての30分授業なので、英文法の学習についても質問した。

「最初に買った英文法の本を少しずつ読んでるんだけど、なかなか身についてる実感がないんだよな。今後、どうやって勉強すればいいかな？」

エリカは、よくぞ聞いてくれました、という表情で、説明を始めた。

K19
驚きのスコアアップ

受験した日から1週間ほどで、３回目のＴＯＥＩＣの結果が郵送されてきました。一希が受けた公開テストは、結果がわかるまでに3週間もかかるようですが、そんなに時間が経つと、試験の感触も忘れてしまわないでしょうか。わたしがオンライン英語塾ＯＥＪを窓口に申し込んで受験しているＩＰテストは、試験から1週間くらいで結果がわかるのが良い点です。

封筒を開いて、３回目の結果を確認し、わたしは驚きの声をあげました。

リスニング 275 ― リーディング 250 ― トータル 525

前回と比べて、リスニングは55点アップ、リーディングは60点アップ、合計では１１５点アップの525点！　前2回以上の手応えがあったとはいえ、まさか一気に１００点以上もアップできるとは期待していなかったので、この結果には驚きました。

ケンエイくんにすぐに報告したかったのですが、次の授業を予約しているのが翌日なので、まずは夫と一希にＬＩＮＥで報告しました。一希の初受験のスコア（４３５点）をだいぶ超えてしまったので、息子のヤル気を削がないように、「自分でも信じられない。ほんとなのかしら」との1文も付け加えました。

一希からの返信は、すぐにありました。

「やったじゃん。まだまだ伸びるんじゃない？　追いつける気がしないな」

わたしに追い越されたことで、息子が英語学習の意欲を失うことを恐れていたのですが、「追いつける気がしないな」というのは、冗談っぽい感じにも読めるので、そこまでネガティヴではないのかもしれません。

少し時間が経って、会社の夫からも返信がありました。

「自己ベスト、おめでとう。あっという間に５００点突破とは、すごい勢いだね。希美子に追いつかれ、追い越されないように、私も、そろそろオンライン英語塾ＯＥＪを試したほうがいいかもしれないな」

祝福された嬉しさより、夫がＯＥＪに関心を強めていることへの危惧が上回りました。わたしは、慌てて返信しました。

「まだまだ、あなたのスコアには遠く及ばないわよ」

それは謙遜ではなく、本心でしたが、このままわたしが一生懸命に学習を続けていたら、いつの日か、夫のベストスコア（780点）を超える可能性も、あるのかもしれません。一希は、わたしに追い越されても、素直に受け止めてくれた気がするのですが、夫は、どのような反応を示すのでしょう。

もっとも、やっと525点のわたしが、夫の780点を超える想像をする、というのは、調子に乗りすぎ——少し浮かれすぎかもしれませんが……。

H20

文法用語がわからない

会社では、あいかわらず連日の残業続きだが、その日は珍しく、みんな早く仕事を終えて退社し、職場のオフィスには、オレひとりが残っていた。室内の電気はほとんど消えていて、オレの机のデスクランプだけが点っている。

ようやく一日の最低ノルマの仕事を終えられたので、座ったまま上半身だけ伸びをする。先日、エリカの勧めで初めて購入したＴＯＥＩＣの文法問題集をカバンから取り出し、パラパラとめくった。エリカの言葉を思い出す。

「文法の本にひと通り目を通されたとしても、まだまだわからないことだらけのはずです。次のステップとしては、なんでも構いませんのでＴＯＥＩＣの文法問題集を買ってきて、それを解きながら、自分の苦手な文法項目を見つけて、文法書の該当項目を読み返してみてください。解説を読んで正解を理解して終わりではなく、不正解の選択肢がなぜ間違いだと言えるのか、その理由を自分の言葉で説明できるようになることが理想です。もちろん、いきなりは難しいですが、そうした境地を目ざし続けることで、成長できるのです」

言われた通り、本屋さんで平積みになっていたＴＯＥＩＣの文法問題集を買ってきて、解き始めてみたのだが、当然のこととして、本番試験と同様に、さっぱりわからない。ただ、問題を持ち帰れないＴＯＥＩＣと違って、本に載っている問題は、ずっと手元にあり、いつでも見返せるので、たしかに、自分の弱点を見返すのには良かった。問題集なので解説がついている点もいいが、著者による詳細な解説は、使われている文法用語が難しすぎて、今のオレには意味不明だ。

自動詞や他動詞、現在分詞と過去分詞、時制の一致、仮定法による倒置……文法書で目にして、なんとなくわかったつもりだったのだが、それぞれの文法用語がなにを意味しているのか、よくわかっていないことを、皮肉にも問題集の意味不明な解説から実感できた。こんなオレが、いつか英文法をきちんと理解できるようになるのだろうか？　今のところ、まったく自信はない。

ただ、ＴＯＥＩＣの文法問題には、正解と不正解を分ける明確な根拠がどうやらあるらしい、ということだけは、なんとなく理解できたと思う。目ざすべき最終的な境地としてエリカが提示してくれたように、正解と不正解の違いをオレ自身の言葉で明快に説明できたら、きっと気持ちいいだろうな……。

「叶くん、まだ残っていたのか。遅くまで、おつかれさま」

問題集に注意を奪われていたので、急に声をかけられて驚いた。少し前に退社したはずの松乃部長が、軽く手を振りながら近づいてくる。

「部長、先ほど出られて、お帰りになったのかと思っていました」

「家で読もうと思っていた書類を忘れていたことに気づいてね」

「自分は、仕事にキリがついたので、帰り支度を始めていたところでした」

「そうだったか……お、なんだ。叶くんもTOEICやるのか?」

松乃部長が目ざとく気づいたので、問題集をカバンの中に慌ててしまおうとしていたオレの手が止まった。ごまかすようにオレは照れ笑いした。

「いや、あのー……そんなんじゃないんすけど。ほかの人たちの話を聞いていたら、TOEICって、どんなものなのかな、と興味が湧いてきて……」

最近職場で、先輩の黒井さんと新人の八代さんが「今度いっしょにTOEIC受けよう」と話していることは、みんな知っていた。どの本がオススメ、という情報交換をしているのが、もれ聞こえてきたこともあるが、オレは、彼らが話していなかった本を、わざと選んだ。彼ら(というか黒井さん)のオススメの本でスコアアップしても、なんだか素直に喜べない気がしたからだ。

松乃部長は「ふーん、そうか」とは言ったものの、少しいぶかしげだったので、もしかしたら、オレがこっそり受験していることに、うすうす気づいているのかもしれない。詮索される前に、矛先を逸らす意味で、オレのほうから尋ねた。

「部長は、もうＴＯＥＩＣを受けられないんですか？　部長の自己ベストスコアは、たしか、８９０点だとおっしゃっていましたよね？　うちの会社では９００点突破したら特別ボーナスが出ますけど、部長なら、すぐでしょう？」

松乃部長は、苦笑しながら首を左右に振った。

「いや、叶くん、そう簡単なもんじゃない。ＴＯＥＩＣ９００点は、全受験者の３％しか獲れない夢のスコアだよ。私も何度か必死で挑戦したんだが、９００点の壁は分厚く、ついに超せなかった……八代くんのように、学生時代に７４０点も獲っている英語優等生なら、可能性があるかもしれないが……」

途中から寂しそうな顔と表情になって、松乃部長は自分の席のほうへ去っていった。少し背を丸めたその後ろ姿の哀愁が、ＴＯＥＩＣ９００点という壁の高さをオレに予感させた。

——でも、待てよ。たしか、部長の奥さんは、９５０点を獲っているんじゃなかったたっけ？　それなのに、部長は９００点直前で、あきらめたのか？

なにかワケがありそうだが、それはプライバシーの詮索になりそうだったし、ＴＯＥＩＣを受けていないと主張しているオレが、そこまで興味を示すのは変なので、詮索することは、ためらわれた。いつかさりげなく事情が聞ける機会があったら、と期待する。

——それにしても……あの鬼のように難しいテストで950点を獲っちゃうなんて、部長の奥さんは化け物だよな。失礼だけど……。

部長の奥さんにお会いしたことも、写真を見たこともないが、いったい、どんな人なんだろう。親御さんが外国人とか帰国子女？　あるいは、八代さんのような、学生時代からの英語優等生だろうか……？

Chapter 5 Summary

本日もOEJをご利用いただき、ありがとうございました！

時間ができた時に復習しよう、と考えていると、どうしても復習がおろそかになりがちです。確実に復習するには、「30分勉強するなら、ラスト5分は、その日の復習」というように、日々の学習に復習を仕組みとして組み込んでしまうことが有効です。

英文法の本をひと通り読んだら、TOEICの文法問題集を解き、自分がわからない（あるいは苦手とする）文法項目を見つけて、文法書の該当箇所を何度も読み返す作業が大切です。また、問題集の解説を読んで正解を理解して終わりではなく、不正解の選択肢がなぜ間違いだと言えるのか、その理由を自分の言葉で説明できるようになることが理想です。

これからもワタクシどもOEJといっしょに、楽しく英語学習しながら、あなたのTOEICスコアと英語力を、どんどん高め続けましょう！

オンライン英語塾　OEJより

Chapter 6

次のステップに移行する予感

第六章　次のステップに移行する予感

K20 ── 先生と生徒の一線

　いつもわたしにやさしくしてくれるケンエイくんは本当に素敵な男性で、いつかホストクラブを経験してみたい――という、わたしの昔からの密かな願望を、理想的な形で満たしてくれました。

　一部の女性たちがホストクラブ、そしてホストの男子たちにハマる心境は、今のわたしには、とてもよく理解できます。わたしにとって、オンライン英語塾ＯＥＪは、ホストクラブを疑似体験しているような面もあり、それでいて英語力まで身につくのですから、信じられないほど、しあわせなことです。一点だけ、ケンエイくんの存在を夫に話しそびれていることだけが後ろめたいのですが……。

「この前、街でケンエイくんみたいな人を見かけたの」

ある日の授業でそう話すと、ケンエイくんは、驚いた顔になって、少し沈黙しました。

まずい質問だったでしょうか。それは実話で、ターミナル駅で買い物している時に、少し離れたところを歩く男性がケンエイくんに見えたのです。

「もしかしたら……と思って、近づいてみたら、ぜんぜん別の人で」

わたしの言葉で、ケンエイくんは笑顔に戻りました。

「残念だけど、オレを見かけるはずないよ。ＯＥＪに登録してもらった希美子の住んでいるエリア、オレの住んでいる場所と、ぜんぜん違うから」

「そうなの？……それも、なんだか寂しい感じね。ざーんねん」

「希美子も知ってると思うけど、利用規約に書いてある通り、ＯＥＪの先生と生徒がリアルで会うことは禁止されているし、連絡先を交換することもＮＧだ。違反したら今後利用できなくなるし違約金も請求されるから、注意してね。だから、もしオレに似た人を見ても、無視したほうがいいよ」

「……わかった。今後は、気をつけるわ――」

わたしにこんなにやさしくしてくれるイケメンのケンエイくんと、もしリアルでも会ってお話しできたら、どんなに素敵なことでしょう。でも、そんなことを夢見るのは、それこそ夫への裏切りになってしまいますし、我を忘れて英語学習どころではなくなってしまいそうなので、今のこのしあわせだけで満足しなきゃ、と、わたしは自分に言い聞かせました。

利用規約に違反したら、ＯＥＪを今後利用できなくなる、というのも、わたしにとっては恐ろしい話です。今のわたしにとって、ケンエイくんなしの人生はもはや考えられないほど、彼の存在は巨《おお》きくなっています。

H21 いっしょに受験する仲間たち

ある日の昼休み、相談があるのでランチに同席してほしい——と、黒井さんと八代さんのふたりから誘われた。松乃部長も誘われたらしい。黒井さんとふたりでランチなら、理由をつけて断っていただろうけれど、八代さんからも誘われ、松乃部長もいっしょとなると、さすがにオレだけ断るわけにはいかない。

職場近くのイタリアンレストランで、オレたちは4人がけのテーブルを囲んだ。このメンツという時点で、話の内容は、なんとなく予想できる。

「今日、部長と叶ちゃんを誘ったのは、以前の飲み会でも、このメンツでＴＯＥＩＣの話をしたからです。あのあと、八代ちゃんといっしょに久々にＴＯＥＩＣを受けたんだけど、オレは見事に撃沈で、学生時代のベストスコアから75点ダウンの５５０点でした。八代ちゃんは、さすがの７１５点だったけどね」

「でも久しぶりだったので、なかなか勘が取り戻せませんでした……」

八代さんは恥ずかしそうに目を細め、自省するように少し舌を出した。

７１５点でも、今のオレから見れば、すごいスコアだ。そして、他人の失敗を喜ぶのは良くないが、黒井さんがベストスコアを更新できなかったという話には安堵した。黒井さんがベストスコアを出した日には、どれだけ彼が調子に乗るかわからないし、またオレはバカにされるだろう。

「それで、相談というのは？」

松乃部長が理知的な口調で尋ね、黒井さんと八代さんは顔を見合わせた。黒井さんが目で合図して、八代さんがオレと松乃部長を交互に見ながら言う。

「実は、毎回でなくてもいいんですけど、今後、定期的にＴＯＥＩＣをいっしょに受ける『ＴＯＥＩＣ部』をこの4人でつくれないか、と思いまして――」

今度は、オレが部長と顔を見合わせる番だ。オレは抗議の声をあげる。

「ちょっと待ってください。オレは、ＴＯＥＩＣ未経験なのに――」

オレがオンライン英語塾ＯＥＪを窓口に受けているのはＩＰテストだけだから、公開テストは正真正銘の未経験。だから、演技せずに反応できた。

「未経験だからこそ、叶ちゃんを誘ったんだよ。オレと八代ちゃんだけだと、八代ちゃんが目標とすべき存在がいないだろ？　だから、部長に入っていただければ、八代ちゃんも刺激になると思うし、叶ちゃんが入ってくれたら、オレのライバルにちょうどいいかな、と——。な、わかるだろ？」

そう言ってニヤニヤ笑う黒井さんは、オレに負けることなど1ミリも考えていない表情だった。以前、オレがこっそり勉強していた単語本を、彼には見られている。そのレベルから判断して、オレには絶対に勝てると思っているのだろう。いつもながら、黒井さんのオレを見下した態度は癇《かん》に障《さわ》ったが、実際、ＴＯＥＩＣで勝負すれば、今のオレは黒井さんには勝てない。オレは、現在のベストスコアがやっと３１５点。黒井さんは最新スコアが５５０点。しかも、彼は学生時代に６２５点を獲っているので、そのスコアか、それ以上に戻せる可能性は高い。要は、オレの倍近いスコアであり、今は、とても勝てる気がしない。

松乃部長はＴＯＥＩＣを引退しているので、部長が参加を拒めば、オレもそれを理由に拒むつもりだった。だが、部長は、こんなことを言った。

「叶くんが参加するなら、私は参加しても構わないよ」

オレは、耳を疑った。よりによって、オレに委《ゆだ》ねられるなんて――。

「……えー!? 部長、ですが、よろしいんですか?」

「TOEICをいったん引退したけど、いつか機会があれば、また900点に挑戦してみたいと思っていたんだ。だから、叶くん、やってみないか?」

やってみるもなにも、オレは、本当は、すでに始めているのだ。しかも、尊敬する部長からお誘いを受けて、断ることは難しかった。

「……わかりました。じゃあ、オレもTOEICに初挑戦します」

覚悟を決めて、オレは、そう宣言した。

K21
つい気を遣ってしまう苦悩

ケンエイくんの単語テストでは、なかなか全問正解できないのですが、「記憶力に年齢は関係なく、大切なのは必死さと復習の頻度」と聞いてから、できるだけ必死で取り組み復習を増やしているので、最近は少しずつミスの数を減らせているように思えます。わたしが誤答するとケンエイくんは悲しそうな顔になり正答すると笑顔になるので、彼の笑顔をひとつでも多く見るためにも、がんばれるのです。

英文法については、ケンエイくんにアドバイスされた通り、文法書をひと通り読んだあとに、TOEICの文法問題集を活用しています。自分の弱点だと思われる文法項目は文法書で読み返し、正解を知って納得するだけでなく不正解の選択肢がどうして間違いと言えるかまで理解する、という学習を続けています。最初はTOEICの文法問題を感覚的に解いてしまっていたのですが、問題集の解説を読むと、きちんとした理由があって正解を導き出せることが理解でき、とても勉強になっています。自分の成長を、実感できる日々でした。

オンライン英語塾OEJを窓口にわたしが受験しているTOEICは、団体受験制度の

ＩＰテスト。一希が受験するのは公開テストなので、結果がわかるまで、だいぶ時間差があります。わたしが4回目の受験をする前に、一希からＬＩＮＥで彼の2回目のスコアが届いたのですが、その結果は、正直、反応にとまどってしまうものでした。

「Ｌ235　Ｒ215　Ｔ450。ダメだ、母さんには勝てそうにない。こうなったら観客に徹して、母さんが父さんのベストスコア780を脅かすことを密かに期待」

一希の初受験は、わたしの2回目受験より25点高かったのですが、彼の2回目より、わたしの3回目のほうが75点高かったので、息子にどう返信すれば良いのか、言葉のチョイスには、そうとう迷いました。

「一希、報告ありがとう。時間がかかってもいいから、一希には、わたしやお父さんを超えてほしいです。心からそう願っています」

それは本心で、一希に勝つことで嬉しいはずがなく、むしろ一希には、わたしや夫を乗り越えてほしいのです。それが親として自然な気持ちでしょう。

一希にもＯＥＪを勧めようか――そんな思いが一瞬よぎりましたが、それをすると、わたしとケンエイくんのことも、一希と夫に知られてしまうので、踏み出せませんでした。息子のことを思えば、本当は話すべきなのでしょうが、保身のため決断できないわたしは、母親としては失格かもしれません。

そうこうしているあいだに、わたしの4回目の受験が迫り、どういうモードで臨めば良いのか、正直、難しいところでした。これ以上、スコアの差が開いてしまうと、一希がますますヤル気をなくしてしまうかもしれない、という危惧。その一方で、一希が言ってくれているように、わたしが夫のスコアに迫れば、一希も喜んで夫も奮起してくれるかも、という期待も実際あります。

自分がどういう心構えでいるべきか、かなり悩みましたが、わたしが中途半端な姿勢で臨んでも、だれひとりトクをしないでしょう。全力投球するしかない、という結論に最後は達しました。たとえ、一希との差を広げることになるにしても――夫との差を縮めてしまうことになるとしても――それがわたしのありのままのスコアなら、それがベストだと思うからです。

H22 ── 公開テストへ向けて

松乃部長、黒井さん、八代さんとの「ＴＯＥＩＣ部」に参加するために、オレは初めてＴＯＥＩＣ公式ウェブサイトに登録し、２か月後の９月の公開テストに申し込んだ。オンライン英語塾ＯＥＪを窓口にして受けるＩＰテストは、月に数回ある候補日からどれでも選べるのに対し、公開テストの開催日は何か月も前から決まっていて、約２か月前に申し込まないと受験できない仕組みを初めて知り、驚かされた。と同時に、黒井さんとの対決が少し先延ばしになったことに安堵もした。２か月あれば、必死でがんばれば、少しでも彼との差を詰められるかもしれない。それが、なによりのモティベーションになる。

実際、黒井さんの挑発によって奮起している面は確実にある。黒井さんを見返したい、という一心で、必死の学習を１か月近く積み重ねて臨んだ４回目のＴＯＥＩＣの結果は、オレの着実な前進を裏づけてくれるものだった。

リスニング　１９５ ── リーディング　２１０ ── トータル　４０５

前回と比べて、リスニングが50点アップ、リーディングが40点アップ、トータル90点アップの405点。まだまだ黒井さんベストスコアの3ぶんの2にも満たないスコアだが、オレの初受験のスコア（170点）から倍以上になったことは、さすがに感慨深い。黒井さんとの差をどこまで縮められるかわからないが、目標がハッキリしているので、残りあと1か月、必死でがんばりたい。

ＯＥＪにアクセスした際、会社の同僚といっしょにTOEICを受けることになった予期せぬ展開を報告すると、エリカも喜んでくれた。

「身近な方といっしょに受験されることは、なによりの励みになるはずですし、ヒデ様のさらなる成長につながることを確信しています！」

ＯＥＪでの5回目のＩＰテストと、初めて同僚たちと同日に受ける公開テストの時期がほとんど重なっていたので、ＩＰのほうは、今回は受けなくても良いことになった。ただし、公開テストの結果は、もちろんエリカに報告する。

「このＯＥＪでワタクシといっしょに学んできたことを、ヒデ様には、存分に発揮していただきたいです！　ヒデ様にとっては初めての公開テストですが、基本はＩＰテストと同じです。大幅ベストスコア更新に期待していますよ！」

エリカの言う通りだ。元々、オレ個人は未熟で不完全な人間にすぎないが、エリカの指導は本当に素晴らしく、感謝している。ここで結果を出せなければ、エリカに申しわけが立たない。エリカのためにも、オレはベストを尽くす。

K22

公式問題集を学習のベースに

わたしと一希のTOEICスコアが今後ますます開き続け、夫のスコアにどんどん迫っていくとすれば、複雑な心境です。でも、試験中は、そんなことを考える余裕もないくらい集中して、4回目の受験では、過去3回よりできたという手応えが強まりました。後日届いたスコアも、試験中の感覚通りでした。

リスニング 315	リーディング 280	トータル 595

リスニングは前回から40点アップ、リーディングは30点アップで、トータルでは前回から70点アップしたことになります。順調にスコアアップし続けているのは嬉しいですが、

今回、４回目の受験で初めて１００の位が変わらなかったので（５００点台のままだったので）、その点は少し残念でした。

「おー、希美子、やったじゃん！　６００点突破目前！　ＴＯＥＩＣでは６００点が初級者卒業の目安とされるから、中級者として、そろそろ学習を進化させる時期になったね」

スマホ画面に映るケンエイくんは、嬉しそうに、そう言いました。

「自分でも、だいぶ英語への抵抗が薄れている気はするの。でも、ケンエイくん、学習を進化させる――って、どういうこと？　進化だなんて……」

主婦であるわたしが「進化」するなんて、考えたこともありません。

「いや、難しいことじゃない。希美子は、公式問題集――『公式 TOEIC Listening & Reading 問題集』――は、まだ使ったことなかったよね？」

「ああっ、あの大きい本でしょう？　ＴＯＥＩＣ本コーナーのいちばん目立つところにいつも平積みで置かれているから、書店では何度も見かけたわ。あの大きさの迫力に圧倒されて、難しそうだから、買わなかったのだけれど……」

「公式問題集は、本番と同じくＥＴＳというアメリカの試験制作機関がつくっている模擬テストなんだ。本試験と同じクオリティのテストを体験できる、という点で、まず価値がある。ＴＯＥＩＣの本番では試験問題を持ち帰れないけれど、公式問題集は、いつでも問題を見返せる点もいい」

「本試験そっくりのテストを自宅で体験できる——ということね！」

ＴＯＥＩＣは試験問題を持ち帰れないので、どんな問題が出たのか試験後に思い出せず、復習できない点を不便に思っていました。

「そう。使い方としては、公式問題集に収録されているふたつのテストを1度だけ解いて終わりではなく、公式問題集の中に出てくる単語と文法で、わからないものがひとつもなくなるように、くり返し復習することが大切だよ」

「単語と文法で、わからないものをなくすだなんて、できるかしら——」

５９５点に到達した今でも、ＴＯＥＩＣ本試験では知らない単語と文法だらけです。それをゼロにするなんて、わたしにできるとは思えません。

「もちろん、最初からすべてわかるはずはないけど、何度も復習したら、わからないことは、どんどん減っていく。それを地道にくり返すんだ。実は、ＴＯＥＩＣで出題される単語と文法の95％は毎回共通していて、その法則は公式問題集も同じだ。つまり、公式問題集で知らない単語と文法をなくすことができれば、本番のＴＯＥＩＣでも、知らない単語や文法はほとんど出ない、ってこと。公式問題集を1冊完璧に仕上げれば、ＴＯＥＩＣでレベルＢと認定され、企業などでも高く評価される基準の７３０点は必ず突破できる。２

冊、3冊と同じように仕上げられれば、さらに上級の800点台への道が拓けるよ」

今は未知のことだらけのTOEICですが、知らない単語や文法がなくなることを想像するだけでワクワクしてしまいます。しかも、公式問題集を1冊完璧にすれば730点突破で、2冊、3冊と仕上げれば800点突破という目標は、非常にわかりやすく、イメージが膨らんで、ありがたいです。

「わかったわ。じゃあ、これから公式問題集に取り組んでみる！」

H23
何歩も先を行く同僚たち

オレにとって通算5回目のTOEIC――初めての公開テスト――まであと6日と迫った月曜日の昼休み、黒井さんと八代さんがTOEICの話をしているのが耳に入った。最新のスコアの話をしているようなので、オレは立ち上がって、八代さんの席のほうへ歩いた。松乃部長も反対方向から来る。

八代さんのデスクでは、パソコン画面に八代さんのものらしきTOEICスコアが表示されていることにオレは気づいた。リスニング３６０点、リーディング３５５点、トータル７１５点――前に話していた八代さんのベストスコアだ。と同時に、彼女はスコアシートも手にして、そこに印刷されているスコアは、リスニング３８０点、リーディング３６５点、トータル７４５点――。

オレの不思議そうな顔に気づいた八代さんが、説明してくれた。

「実は、先月８月は公開テストがお休みだったので、試験のリアルな感覚を忘れている気がしていたんです。感覚を取り戻すために、次の日曜の公開テストの練習も兼ねて、１週間くらい前に、あるＴＯＥＩＣスクールが主催していたＩＰテストを黒井さんといっしょに受けました。その結果がこのスコアシートです。今、画面に表示されているのは、わたしの前回のスコアで、次の公開テストでこの表示も更新したいですね――と、黒井さんとお話ししていたところで」

「八代さん、ベスト更新したんだね。おめでとう」

部長が、やさしい笑顔を彼女に向ける。ややこしいが、画面に出ているスコアは前回の公開テストのもので、彼女が手にしているシートのスコアが、最新のＩＰテストのスコア、ということか。

「さすが八代ちゃん、ＩＰでＶ字回復してベスト更新とは、さすがだよな。八代ちゃんといっしょに受けたＩＰで、オレは前回の公開テストから15点上がって５６５だったけど、学生時代のベストまで、まだ60点ある。今度の公開では学生時代のベストスコアは超えたいんだよなー。今月から部長も参戦してくださるし、いよいよ叶ちゃんも初受験だし、来月の結果発表がマジで楽しみ！」

黒井さんは盛り上がっているが、部長は困ったように首を左右に振る。

「いや、黒井くん、私もブランクがあるからね。まずはリハビリのようなものだよ。八代くんには、あっという間に追い越されるかもしれない」

「とんでもないです。部長のベストには、とても届きそうにありません」

そんな言葉を交わす松乃部長と八代さんには、余裕さえ感じられる。オレは、公開テストの結果が画面に表示されている、という事実に驚いていた。オレが今まで受けたＩＰテストでは、スコアシートが郵送されてくるだけだった。

「……ＴＯＥＩＣって、ネットで結果がわかるんですね」

感じたことをそのままクチにしたオレを、ほかの３人は意外そうに見返す。黒井さんはおかしそうに噴き出して、オレの肩を軽く叩いた。

「そっか、そんなことも知らないんだな。叶ちゃん、ほんとは今まで受けたことあるんじゃないかと疑ってたけど、どうやらマジで初受験らしいな」

黒井さんのオレを小馬鹿にした口調は癇に障ったが、オレの発言で初受験のリアリティが増した点はラッキーだった。公開テスト初受験はウソではないとはいえ、ＩＰテストは4回受けているので、実は、黒井さんの推測が正しい。そこをごまかせたことは、安堵した。

だが、待てよ……ネットで結果発表ということになれば、オレのスコアをこの職場で彼らにも見られる、ということだ。ウソの報告はできない。

「叶ちゃんの初受験スコア、超・楽しみにしてるよ！」

ニヤニヤ笑う黒井さんの表情には虫酸《むしず》が走るが、それよりも、彼らに見せても恥ずかしくないスコアを獲れるだろうか……という焦りのほうが強かった。

オレの現在のベストスコアは４０５点。今回の黒井さんと比べても１６０点の差があるし、彼のベストスコアには２２０点も差がある。黒井さんにこれ以上、バカにされないためには、5点でも10点でもいいから、なんとか少しでも差を詰めたい……限られた時間で、どれだけのことができるか……。

次の日曜に向けて、オレは、さらに闘争心を燃やしていた。

Chapter 6 Summary

本日もOEJをご利用いただき、ありがとうございました！

自分の身近なところにTOEICを受験する仲間がいると、その人の存在が、あなたの学習の励みとなります。あなたよりスコアの高い人と低い人が両方見つかると、追いつきたい、追い抜かれたくない、という気持ちが、学習への熱意を強めます。

公式問題集に出てくる単語と文法に知らないものがあれば丁寧に学習し、知らないことがなくなるまで何度も復習できれば、TOEICでレベルBと認定される730点突破が見えてきます。公式問題集を複数冊、同じ要領で丁寧に仕上げられれば、さらに上級の800点以上への道が拓けます。

これからもワタクシどもOEJといっしょに、楽しく英語学習しながら、あなたのTOEICスコアと英語力を、どんどん高め続けましょう！

オンライン英語塾　OEJより

Chapter 7

さらに上のレベルを目ざして

第七章　さらに上のレベルを目ざして

K23 ― おそるべき公式問題集

ケンエイくんに言われた通り、本屋さんでＴＯＥＩＣの公式問題集（正式名称は「公式 TOEIC Listening & Reading 問題集」）を買ってきて、ふたつ収録されている模擬テストの「テスト１」を、さっそく解いてみました。

ＴＯＥＩＣ本番と同じ試験制作機関がつくっているというだけあり、ページや文字の大きさ、文字の種類やレイアウトなど、本試験とまったく同じように見えました。本試験と同様のマークシートもついています。何回か解くことも考えて、マークシートは事前にコピーをして使用することにしました。

ふだん持ち帰れないＴＯＥＩＣの問題を、自宅で体験できる――何度でも見返せる――というだけでも、ものすごくトクをした気分です。

家事やパートなどもあるので、１度にまとまった２時間を確保するのは、なかなか難しいところです。そこで、まず「テスト1」のリスニングとリーディングを別々に解いて、両方終わってから答え合わせをしました。リーディングは、時間を気にせず全問解いてみたい誘惑もありましたが、本試験同様の75分で、最後は「塗り絵」をしました。

本試験のTOEICでは、後日スコアを教えてもらえるものの、自分が何問正解したかはわからないですが、公式問題集は自分で答え合わせをしますので、正答数を知ることができるのも新鮮でした。今回初めてトライしてみた「テスト1」の結果は、リスニング68問、リーディング60問正解で、意外に正解できていたことに自分でも驚きました。もちろん、勘でマークして正解した問題も含まれますので、自分の感覚以上に正答数が多く感じられたのでしょう。

公式問題集では、正答した数を「素点」と呼ぶそうで、その素点に応じた「換算点範囲」が参考スコアとして解答の冊子に掲載されていました。わたしのリスニングの正答数68問は、素点66−70の範囲で、換算点は290−360。リーディングの正答数60問は、素点56−60の範囲で、換算点は220−305ということになるようです。この換算点を信じるなら、わたしは調子が良ければ650点くらい獲れるということになるのでしょうか？　わたしの前回までのベストスコア（595点）より50点くらい高かったので首を傾げたのですが、その数日後に判明した5回目のTOEICのスコアに驚かされました。

リスニング３４５――リーディング３０５――トータル６５０

リスニングは前回から30点アップ、リーディングは25点アップ、合計55点アップとなりました。公式問題集の結果から導き出された参考スコアとほとんど同じ最新のＴＯＥＩＣスコアだったことに、わたしは驚きました。５回目のＴＯＥＩＣの結果と、公式問題集を初めて使ってみた感触を、ケンエイくんに次の授業で報告しました。

「希美子、６００点突破おめでとう！　もう初級者は完全に卒業で、これからは中級者だね。それと、さっそく公式問題集を買って解いてみたのも素晴らしい。公式問題集は、今後の希美子のＴＯＥＩＣ学習のベースになるよ」

公式問題集も視界に入れつつ、スマホ画面のケンエイくんに質問します。

「この公式問題集の活用法としては――要するに、間違った問題を復習して、答えを覚えて全問正解できるようにすればいいのかしら？」

「何度も復習していると、正解がどれか覚えてしまって、きちんと理解していない問題でも正解できることがある。それだと、その問題で問われている英語の知識を理解できたことにならない。いつも言っているように、ただ正解を覚えただけで満足せずに、どうしてその選択肢が正解になるのか、不正解の選択肢は、どうして間違いと言えるのかを、きちんと理解する必要がある」

「わたしのレベルで、そこまでちゃんと理解できるかな……」

「公式問題集には解説もついているし、わからないことがあれば、もちろん、オレに質問してくれたらいいよ。きっちり正解を理解するためには、前にも言った通り、公式問題集に知らない単語と文法がなくなるまで仕上げることが大切だ。もちろん、簡単にできることじゃないし、時間がかかることだけど、その作業をこつこつ進めることが、結局、成長へのいちばんの近道なんだよ」

「公式問題集のリーディングの最後のほうの問題は、本試験同様に『塗り絵』してしまったけれど、きちんと解いていない問題は、どうすればいい？」

「『塗り絵』した問題については、答え合わせしたあとでいいから、時間を気にせず解いてみて、どのくらい正解できるか試してみるといいよ。リスニングは、どのパートでもいいので、家事をしながら、とか、歩きながらでもいいから、できるだけ毎日音声を聴くようにして英語を耳に慣らす。リーディングは、公式問題集を75％に縮小コピーすると見開きがA４の用紙１枚におさまり、持ち歩きやすいし、調べたいことや調べたことを復習時に書き込めるのでオススメだよ。そうして縮小コピーしたパート５からパート７の問題を１日に１枚（公式問題集の見開き、つまり２ページぶん）だけでもいいから毎日復習できると効果的だ。週末に1週間ぶんまとめて学習するより、たとえ短時間でも毎日こつこつ続けることが、いちばん効果が出るから、ぜひ続けてみてね」

ケンエイくんの話に何度もうなずきながらメモをとっていると、これからさらにどんどん成長できそうな予感がして、ヤル気も湧いてきました。

「具体的なアドバイス、ありがとう。さっそくやってみる！」

H24 ―― それぞれのスコアレベル

初めての公開テストから3週間が過ぎた月曜日、スコア発表の日になった。いつもオンライン英語塾ＯＥＪ経由で受けているＩＰテストは1週間ほどで結果が送られてくるので、3週間も待たされるのは、もどかしい感じだった。今回の試験の手応えも、3週間経つうちに、感覚が曖昧になっていた。黒井さんとの差を少しでも縮められるように必死で勉強したので、前回より上がっていると思う。だが、黒井さんとの差は、さらに開いていることも考えられる。

その日の昼休み、正午を過ぎると、オレたちはそれぞれ自分のデスクでスコアを確認した。慣れている八代さん、黒井さん、そして、松乃部長はすぐさまＴＯＥＩＣ公式ウェブサイトにログインして自分のスコアを確認したらしい。オレも自分のデスクでＴＯＥＩＣ公式ウェブサイトにアクセスし、登録してあるパスワードを入力して、自分のページにログインしたところで、ちょうど、ほかの３人がオレのイスの後ろに集まってきたのはプレッシャーだった。

他人に見守られている状況で、良いのか悪いのかわからないスコアを確認するというのは、正直、あまり気持ちいいもんじゃない。できれば自分ひとりで確認したかったのだが、彼らがそれを許してくれそうにない雰囲気なので、「スコアを確認する」というボタンをクリックした。表示された結果は——。

リスニング２４０｜リーディング２７５｜トータル５１５

前回からリスニングは45点アップ、リーディングは65点アップ、トータル１１０点アップの５１５点！　初受験のスコアから約3倍になったことになる。まだ黒井さんたちのレベルには遠く及ばないものの、自分の中では大きな成果で、周囲に人がいなければ、思いっきりガッツポーズしたいほどだった。

「お、なんだよぉ……叶ちゃん、オレが予想していたより良いスコアじゃん」

「初受験で515点だなんて——叶さん、実は、できる人じゃないですか」

「うん、大したものだよ。叶くんはこれから、まだまだ伸びるだろうな」

画面に表示されている最新スコアには、前回スコアが並べて表示される部分もあったが、オレの場合、前回スコアのところは空欄になっているので、少なくとも公開テストは正真正銘の初受験であることを、それによって証明できた。本当は、すでに4か月勉強しているので、初受験のスコアとして評価されても、素直に喜べない面もある。と同時に、彼らに知られてもバカにされない点を獲れたことに、かなり安堵していた。早めに勉強スタートしておいて良かった……。

「予想より良かった、って……黒井さん、オレが何点くらい獲ると?」

「以前、叶ちゃんが初級者向けの単語本を難しそうに見ていた時の感じから、400点は絶対に無理だと思ってた。300点未満の可能性も高いな、と」

あの頃のオレは、たしかに、そのレベルだった……。黒井さんの勘も、侮れない。あの時点で同僚とTOEICを受けることになっていなくて良かった。

「それより、皆さんのスコアは、どうだったんですか?」

確認したところ、松乃部長は彼の自己ベストより15点下だったものの、久しぶりの受験でも875点という、さすがのハイスコア。八代さんは、IPの自己ベストスコアをさらに25点更新する770点。黒井さんは、前回から40点アップだが、自己ベストよりは20点下となる605点とのことだった。

黒井さんのスコアとは依然として100の位が違うのだが、彼とオレの点差は、90点。100点も離れていない、というのは希望を持てる。今の調子で勉強すれば、黒井さんに追いつき、追い越すことは、ぜんぜん不可能ではない気がする。そういう身近な目標があるだけで、今後の学習にも張りが出そうだ。

「部長は、ほんと、さすがです！　とても追いつける気がしません」

八代さんの言葉は、媚びる感じではなく、本心であるように聞こえた。

「いや、そんなことはないよ。私は、ここからなかなか上げられないんだ」

部長にとっては、やはり、900点が大きな壁となっているのだろうか。今ようやく515点のオレにとって900点というのは雲の上のスコアで、リアルに想像することはできない。だが、オレの少し先に600点台の黒井さんがいて、その先に700点台の八代さんと800点台の松乃部長がいる。彼らの背中を目ざして走り続けていたら、いつかオレも、そこへ近づけるだろうか……。

「叶ちゃん、あまり必死で勉強するなよ。すぐに追い抜かれたくないからな」

「黒井さんこそ、あまりオレを突き放さないでくださいよ。お願いします」

オレが言葉を返すと、黒井さんは、不敵に笑った。その目は、「もっと突き放してやるよ」と語っていた。そうならないように、オレもベストを尽くす。

𝒦24
多聴多読だけでは意味がない

公式問題集の「テスト1」のリスニング音声は、毎日少しずつでも聴き返すようにしました。そして、リーディングは、ケンエイくんにアドバイスされた通り、「テスト1」のリーディング問題の見開きを75％に縮小コピーしたA４の紙を1日に1枚ずつ読み返すことを習慣にしたおかげか、日に日に聴き取れて、速く読めるようになっていく感じがしました。その過程で、ふと疑問に思ったことを、ケンエイくんに尋ねました。

「だけど、知っている英文を聴き取れたり、速く読めたりしても、よく考えると、意味がないわよね？　どんどん未知の英文に接しないとダメ？」

わたしからその質問がいつか出ることを予期していたように、スマホ画面のケンエイくんは笑顔のまま、すぐさま首を左右に振りました。

「いや、そんなことはないよ。希美子は、『精聴』、『多聴』、『精読』、『多読』って、わかるかな？」

「セイチョウ、タチョウ？　精読、多読は聞いたことある。あ、もしかして、セイチョウ、タチョウって、精読、多読の聴くバージョン？」

「そういうこと。英語指導者の中には、多聴と多読を強く勧める人も多いんだけれど、初級者や中級者の段階で多聴、多読しても、実は意味がない」

あっさり断言されたので、驚きました。

「多聴、多読って、たくさんの英語に触れ続ける、ってことでしょう？　それは、なんだかものすごく効果がありそうだけど……」

「意味のわからない英文をどれだけたくさん聴いたり読んだりしても、意味はわからないままなんだ。何度くり返しても、わからないものは、わからない。そうだな……たとえば、希美子は、昔から聴いてる洋楽で、数え切れないくらい聴いてるのに、実は、歌詞を聴き取れていない曲ってない？」

ケンエイくんの指摘に、ドキッとさせられました。

「そう言えば……ビートルズとかマイケル・ジャクソンの歌が昔から大好きなんだけど、よく考えると、どの曲も何百回もくり返し聴いているのに、いまだに歌詞をちゃんと聴き取れていない曲が多いかもしれない……」

「そう、つまり、たとえ何百回くり返しても、聴き取れないものは、永遠に聴き取れないままなんだよ。だけど、洋楽の場合なら、歌詞を確認すれば、なんと言っているかは理解できる。それと同じで、英語学習でも、きちんと理解している英文をたくさんくり返し聴いたり読んだりすることには意味がある」

「同じ英文をくり返し聴いて読んでも、それだけで成長できるのかな……」

「日本人の英語学習者が、英文を1度だけ聴いたり読んだりして、いきなりマスターすることは不可能だよ。きちんとマスターするには何度も自分に刷り込むしかない。なかなか結果を出せない英語学習者が多いのは、理解した英文をくり返さず、すぐ次に進んでしまうからなんだ。でも、英単語の暗記と同じで、1度見ただけで体得できるはずがない。ひとつひとつの英文を何度も何度もくり返し刷り込むことで初めて完璧にマスターでき、次に似たような英文に出会った時にも、速く精確に処理できるようになる。手間がかかるようだけど、これが実は最短距離なんだ。このルールを知っているかどうかで、英語学習の差は開き続ける」

ケンエイくんの口調は迷いがなく、力強い確信に満ちていました。わたし自身も彼の言うことに納得できましたし、それは本当に、今後の学習の明暗を大きく分ける、決定的に重要なポイントだという気がしました。

「きちんと理解した英文を何度も聴いて何度も読む、ということね」

わたしが確認すると、ケンエイくんは満面の笑みで、うなずきました。

「そういうこと。何回くり返しても、やりすぎということはないから」

ケンエイくんがそう言うなら、彼を信じて、突き進むのみです。

H25

次のレベルの学習を前倒し

オンライン英語塾ＯＥＪでのエリカの単語テストで、オレは今も満点をキープしている。今回で17回連続満点。15分無料で延長できるクーポンが毎回発行されるので、最近は毎回30分の授業となっている。正直、連続記録を続けるのがプレッシャーとなっており、いっそ1度ミスをすればラクになるのにな――という気持ちもあるのだが、わざとミスをすることは性格的にできないので、つい毎回ベストを尽くしてしまう。これまで８５０語を覚えてきたのだと思うと、それなりの達成だと感じられる。だが、エリカによれば、ＴＯＥＩＣの必須単語は３０００もあるので、気が遠くなるほど、まだまだ先は長い。

少し前に職場で結成された「ＴＯＥＩＣ部」の同僚たちの現在のスコア状況を報告すると、エリカは、とても楽しそうに聴いてくれた。

「そんなお仲間が身近にいらっしゃるなんて、素晴らしいことですね！　もちろん、ＴＯＥＩＣは他人ではなく自分との戦いですが、身近に受験している方がいれば、受験するモティベーションも変わってくるはずです」

「松乃部長や八代さんには、とても追いつける気がしないけど、せめて、黒井さんには追いつきたいんだ。エリカ、なにか良い方法はないかな？」

我ながら無茶ぶりだとわかっていたが、エリカは「うーん……」と困った顔で、手元のなにかのメモを見ているようだった。すぐにまた笑顔に戻る。

「ヒデ様のこれまでのスコア変遷を確認しますと、毎回、リーディングのほうが点が高いですよね。それは、ヒデ様の特徴と言えると思います」

「あー、それは、たしかに。オレの学生時代は、リスニングの授業がなかったから、リスニングがどうも苦手で。リーディングは、単語さえ覚えられれば、知っている単語から文章の意味をなんとか類推できるんだけどなー」

「そういう方も多いので、とてもよくわかります。リスニングの対策としては、リスニングに特化した問題集をやり込む方法もありますが、ヒデ様の場合、今の勢いでしたら次回には600点近いスコアを獲られると思いますので、今後は公式問題集を学習のベースにされても良いかもしれません」

公式問題集——その本について黒井さんと八代さんが話しているのを聞いたことがある。黒井さんが「基本は公式問題集だよね」と、もっともらしく語っているのが聞こえたので、実は、本屋で見かけても敬遠していた本だった。

「公式問題集かぁ……。あれ、黒井さんが定番だと言っていたから、実は、やりたくないんだよな……なんだか、黒井さんに推薦されたみたいで」

オレの言葉に、エリカは、おかしそうに笑った。

「ヒデ様、黒井さんだけがオススメしているわけではありませんよ。公式問題集はＴＯＥＩＣの全受験者が取り組むべき最高のバイブルですから、たとえそれを活用しても、黒井さんのおかげ、ということにはなりません」

「うーん、そうか……その点だけ、なんか抵抗はあるんだけどな」

「ＴＯＥＩＣの６００点までは、英単語と英文法の基礎を固める段階ですが、基礎がある程度完成したと判断できる６００点が近づいたら、公式問題集を活用して、レベルＢと認定される７３０点や、８００点をも目ざす時期です」

エリカは、オレは６００点間近だと考えてくれているようだが、実際にはまだ５１５点で、６００点まで、あと数十点ある。だが、それは現在の黒井さんとの差でもあるので、６００点を超えたら取り組むべき学習法を少し前倒しして導入して、彼に追いつくことを目ざすのは悪くない気がした。

「そうだな……。黒井さんの前で公式問題集を開くことはしないかもしれないけれど、彼のいないところで勉強するのは、オレの勝手だもんな」

「そういうことです。ヒデ様、ヤル気になってくださったんですね？」

「ああ――。エリカ、公式問題集の活用法を、教えてくれるか?」

K25 挫折の危機は突然に

先日、3回目のTOEIC公開テストを受けた一希から「ぜんぜんダメだった。マジもうムリ。引退するしかない」というLINEがきて、少し様子が変だと思っていました。なので、3週間が経過したスコア発表の日は、彼からの報告を待っていたのですが、LINEで報告があったのは夜中でした。

「L220　R170　T390。これが実力の限界。オレには向いてないんだよ」

珍しく投げやりな文面が心配になりましたし、報告された一希の3回目のスコアにも驚きました。一希の最初のスコアは435点。2回目は450点でしたが、3回目は、前回から60点スコアダウンしてしまったことになります。

夫も心配していたので、離れた場所でひとり暮らしをしている一希に電話をかけ、スマホのスピーカー機能を使って、３人で話せるようにしました。

「……さっき結果は報告したけど、なに？」

電話に出た一希の声は明らかに沈んでいて、わたしは胸が痛くなり、うまく言葉をクチにできませんでした。まず、夫が話しかけてくれました。

「一希、先ほどは報告ありがとう。今回は残念だったが、また次のチャンスがある。受験料は私が払ってあげるから、また次回、リベンジしてほしい」

夫は、いつもよりやさしい声でしたが、一希の声は暗いままです。

「ムリだよ……。母さんは、いいよな。最初はオレより低いスコアだったのに、あっという間に３００点アップで、もう６５０点だもんな。もしかして、母さんは、ＴＯＥＩＣの天才なんじゃない？　オレのような凡人と違って――」

言葉を引き出されるように、わたしは反論しました。

「――そんなことない！　わたしは、一希たち大学生のように、いろんな科目を勉強しないといけないわけじゃないし、英語だけだから」

「でも、そのぶん、家事とかパートでも時間を使ってるじゃん」

一希の口調は、心を閉ざしている感じで、今の彼は、なにを言っても聞いてくれなさそうで、わたしたち夫婦は顔を見合わせました。夫の悲しそうな顔を見た時、言葉がひとりでに、わたしのクチから出ました。

「わたしのせいで一希が自信をなくすなら、わたしは、いつでもTOEICをやめる。だから、そのぶんも、一希には……がんばってほしい……」

途中から、わたしの声は震えて、涙が目からあふれていました。自分でも、なんで泣いているのか、わかりませんでした。一希は慌てた声になりました。

「ちょ、待ってよ……なんで、TOEICに向いている母さんがやめて、向いてないオレが受けなきゃなんないの？　そんなの、意味わかんねーよ」

「一希のほうが、これからの人生が長いもの……だから、お願い……」

わたしは、泣きながら懇願しました。しばらく重苦しい沈黙が続いたあと、スマホのスピーカーから、一希の苦しそうな声が聞こえました。

「……悪いのは、オレなんだよ。オレのせいなんだ……」

わたしは、うつむいていた顔を上げました。夫が尋ねました。

「一希が悪いって、どういうことだ？　わかるように説明してくれないか」

「サークルの同級生に、いい感じの女子がいたんだよ。親しくなりそうだったけど、その子は帰国子女で……TOEIC900点台で……。オレが400点台だと知ると、その子は露骨にオレをバカにし始めて……。『そんな低レベルじゃ、英語やっても意味ないよ』、って……。それから関係も悪くなって……」

今は、一希の声が震えていて、わたしは胸が締めつけられました。

「なにそれ？　そんなひどいことを言われたの……？　信じられない……」

「この前のTOEICでは、試験中ずっとそのことがあたまを離れなくて、集中できなかった。最後のほうは、『塗り絵』する気力さえなかった……」

「そういうことだったのか……それは、一希のせいじゃないよ」

力強く息子をかばう夫の言葉に、わたしも、うなずきました。

「そうよ！　一希には、スコアアップして、その子を見返してほしい。違う……そうじゃなくて、そんな子のことに関係なく、今後そういうことでコンプレックスを抱かないようにするためにも、いっしょにがんばろう！　ね？」

「そういうことなら、私も久しぶりにTOEICを再開するよ。このまま受けずにいると、希美子に、すぐに追い抜かれそうだしね」

夫は、わたしたちのために、わざと冗談っぽく言った感じでした。

「あなたの780点は、そう簡単には抜けないと思うけど――」

「いや、そんなことはない。なぜなら、希美子にはオンライン英語塾OEJがある。だから決めたんだ。一希、私といっしょにＯＥＪを始めよう！」
夫の申し出に、わたしは「えー」と声をあげ、凍りついてしまいました。

H26 TOEICの驚くべき精度

ＴＯＥＩＣの文法問題集は以前から使用していたが、文法問題は、ＴＯＥＩＣというテストのあくまで一部分でしかない。エリカの勧めで使用開始した公式問題集は、本家ＴＯＥＩＣと同じ制作機関（ＥＴＳ）がつくっているので、当然ながら全パートを本試験そのままに体験できる点が良く、満足できた。

ＴＯＥＩＣは問題を持ち帰れないので、試験後には、どんな問題が出題されたのか、ほとんど思い出すことはできない。でも、公式問題集のテストは、本試験と同じように解いて、わからなかった問題をあとで確認できる。特にリスニングでは、まったくわけがわからなかった音声が、あとで答えを確認すると、「なるほど、こう言っていたのか！」と納得できるのが快感だった。

通勤時間にはスマホに同期したリスニングの音声をイヤフォンで聴くことが日課になり、6回目の受験――2回目の公開テストでは、大きな手応えが得られた。3週間後に発表されたスコアで、オレは大いに達成感を味わった。

リスニング325 ― リーディング300 ― トータル625

職場のパソコンで今回はオレも正午になったらすぐにTOEIC公式サイトにアクセスして結果を確認したので、同僚たちに見守られずに済んだ。

やった！　と、思わずガッツポーズして黒井さんを見ると、ちょうどスコアを確認したばかりの彼が、オレの席に歩いてきて、画面を覗き込んだ。

「ちょっ……マジかよ！　オレと、まったく同じ点じゃねーか！　せっかく学生時代のスコアに戻して嬉しかったのに……もー……空気読めよなー……」

黒井さんの声を聞いて、八代さんと松乃部長も、こちらへ歩いてくる。

「黒井さんと叶さん、同点で並んだんですか!?　すごーい！」

「すごくねーよ。八代ちゃん、勘弁してくれよ。それ、ほんとにお前のスコアなのか、間違ってオレのスコアを表示してるんじゃないよな？」

しかし、画面上にはオレの前回スコアも表示されているので、それは黒井さんのものではなく、オレのスコアであることは明らかだった。

「前回から110点もアップしたのか。叶くん、それはすごいよ」

尊敬する部長から賞賛されると嬉しいが、黒井さんは辛クチだった。

「お前、ほんとはできるのに、前回わざと悪い点を獲ったとか?」

「そんな……わざと悪い点を獲る意味なんてないでしょう」

「じゃあ、となりの人のをカンニングしたのか? ありえないだろー」

黒井さんの毒舌に困ったようにマユ根を寄せて、八代さんがフォローする。

「黒井さん、そんなこと言わないでください。叶さん、きっと、わたしたちの知らないところで、こつこつがんばっていたんですよ」

「それにしてもなー。なんか納得できないんだよなー」

不満を隠そうともせずに、黒井さんはオレを恨めしげに見る。オレ自身、こんなにも早く黒井さんに追いつけると思っていなかったから、嬉しい驚きだった。

ちなみに、八代さんは前回から5点ダウンの765点。松乃部長は、前回から15点アップで、自己ベストタイの890点だった。

「さすがですね、部長。900点突破は、時間の問題でしょう!」

オレたちは祝福したが、部長は浮かれた様子もなく、冷静だった。

「いや、ここから先の壁がね……なかなか分厚いんだよ……」

そう言えば、以前、夜の職場で話した時にも、部長はそんなことを言っていた。９００点近いスコアを安定して獲れる実力があるのに、それでも簡単に超せない「９００点の壁」というのは、いったい、どれだけ手強いのか……。

それにしても、今回惜しくもベスト更新を逃した八代さんも、前回と5点しか変わらないというのは、やはり安定感がある。９９０点というスケールの中でオレたち受験者の英語力を測定するＴＯＥＩＣの驚くほどの精度の確かさを、受験経験が増えるにつれて、オレは実感させられていた。

K26

——他人を頼るか、自分でやるか

わたしたち夫婦が、息子・一希を心配して電話した、あの夜——。

スコアダウンした理由を告白し落ち着いた様子の一希との電話を終えたあと、わたししたちは、リビングの机に向かい合って座り、本音で話をしました。

「希美子、オンライン英語塾ＯＥＪで、イケメンから英語を教わっているんだろう？　短期間で順調にスコアアップしてきたのは、そのおかげだね？」

いつ、どうやって告白しようと思っていたことを、夫から言われて、パニックになったわたしは、混乱して、逆に、夫を責める口調になりました。

「あなた、まさか……！　わたしのスマホを、いつの間にか見たの？」

「見損なわないでくれ。私は、そんなに悪趣味じゃない。ただ、希美子がお世話になっているＯＥＪのことをネットで調べたり、自分でもアクセスしてみたりしただけだ。もっとも、私は、まだ会員登録はしていないがね」

言われてみれば、たしかに、その可能性は考えてしかるべきでした。システム・エンジニアという夫の職業を考えれば、すぐに検索するのも当然です。

「黙っていて、すみません。実は、若くてカッコイイ男子から英語を教わっていて……そのことが後ろめたくて、なかなか言い出せなくて……」

「いや、いいんだ。逆の立場なら、私も言い出せなかっただろう。ＯＥＪでは、先生と生徒のリアルな接触は厳格に禁止されているようだから、おかしなことにはならないはずだと、そこは安心していたしね。どうせ英語を教わるなら、そりゃあ、魅力的な相手から教わりたいのが人情だろう。私だって、若くてカワイイ女子から教われば、もっと英語力が伸びるのは間違いないと思う」

そう言って、夫は悪戯《いたずら》っぽく微笑しました。責められずに済んで安心すると同時に、今度は急に、わたしのほうが心配になってきました。

「あー、だから、あなたもOEJを始めるのね！ なんて不純な動機！」

「おいおい、今まで黙っていた希美子に言われたくないよ。まあ、私自身も少し試してみたい気持ちがあるのは事実だが、それより――」

夫は言葉を切り、まっすぐに、わたしを見つめました。その真剣なまなざしに、わたしは、ドキッとさせられました。

「今の一希にこそ、まさにOEJが必要だと思わないか？」

指摘されて、その通りだと思いました。わたしがイケメンから英語を教わっていることを言い当てられて、自分を見失ってしまったのですが、今、わたしたち夫婦が心配すべきは、愛する息子・一希のことです。

「一希が話してくれた女子、ほんとに、ひどいと思う……耳を疑ったわ」

「だけど、そういう連中は世の中に一定の割合でいるし、決していなくはならない。そうした連中に潰されないためにも、一希にはもっと強くなってほしいし、そのためにもOE

Ｊで自信をつけるのがいいと思うんだが、どうだろう？」

反対する理由が見つかりません。もちろん、賛成です。

「それについては、まったく異議なし。ただ――あなたが若くて魅力的な女子から英語を教わる、というのは、正直、複雑な心境だけれど……」

こんな純粋な嫉妬の気持ちを抱くのは、何年ぶりでしょうか。

「それを言うなら、お互い様だと思うけどね。まあでも、実は、私と一希もＯＥＪを――と言ったのは、一希が入りやすくするためなんだよ。私も、参考にする意味で無料お試しはするつもりだが、私自身はＯＥＪをずっと続けるつもりはないよ。一希は今後も利用し続けたほうがいいと思うが」

夫のその返答は、意外なものでした。

「どうして？　プロに教わったほうが、効率的に結果を出せるでしょう？」

「自分の力でどこまでできるか、見極めてみたくてね」

その考えには必ずしも納得できませんが、それが夫の考えなら、もちろん異論はありません。ともあれ、わたしがケンエイくんから英語を教わっていることを夫ときちんと話せて、なおかつ、一希もＯＥＪで再生してくれるかもしれない、というのは、わたしにとって大きな、新たな希望でした。

Chapter 7 Summary

本日もOEJをご利用いただき、ありがとうございました！

問題集を復習する際には、答えを覚えていて正解できるだけでは満足せず、どうしてそれが正解なのかを理解し、不正解の選択肢がどうして間違いかを説明できるようになるまで復習することが大切です。
リスニングは、毎日英語音声を聴く習慣をつければ、英語に耳を慣らすことができます。公式問題集のリーディングは見開き２ページを75％に縮小コピーしてＡ４の紙１枚におさめ、１日に１枚（公式問題集の見開きひとつぶん）ずつ復習できれば理想的です。週末に１週間ぶんまとめて学習するより、短時間でも毎日学習を継続するほうが、効果は大きくなります。

初級者や中級者の段階で、意味のわからない英文を「多聴」「多読」しても、まったく効果がありません。わからないものは、どれだけくり返しても、わからないからです。ただし、きちんと理解した英文をたくさんくり返して聴いたり読んだりすれば、その英文だけでなく、次に似たような英文に出会った時に、速く精確に処理できるようになります。

これからもワタクシどもOEJといっしょに、楽しく英語学習しながら、あなたのTOEICスコアと英語力を、どんどん高め続けましょう！

オンライン英語塾　OEJより

Chapter 8

本当の高みが近づいてくる

第八章　本当の高みが近づいてくる

H27

意外な人物との遭遇

オレにスコアで並ばれたのがよほどショックだったのか、黒井さんは、ＴＯＥＩＣの勉強に猛烈に打ち込み始めているようだった。と言っても、オレたちの会社は基本的に、平日は残業続きなので、休憩時間や通勤・帰宅の電車の中くらいしか勉強はできない。まとまった時間を確保するには、土日か休日しかない。黒井さんは八代さんと誘い合わせて、土日に開催されているＴＯＥＩＣ対策のセミナーや、学習者同士の勉強会に参加しているようだった。

「叶ちゃんは、どんなＴＯＥＩＣ勉強してるんだよ?」

そう聞かれたので、「ネット上の英語塾で、週に1回くらいバーチャル授業を受けています」とだけ答えておいた。黒井さんは半信半疑だった。

「ほんとに、それだけなのか?　あやしいな……。実は、少し前に外国人の彼女ができて同棲しているとか、そんなオチじゃないだろうな？」

黒井さんの豊かな想像力に、思わず噴き出してしまった。

「そんなの、ありえないですよ。外国人と話したこともないんですから」

ウソではない。オレは英語が話せそうに見えないのか、外国人から道を尋ねられたことさえない。いや、より正確に言うなら、外国人がオレのほうへ歩いてきて、話しかけられるかも……と感じた時には、目を逸らして早足で逃げるようにしてきたのだ。たしかに、外国人の彼女と同棲していたら英語力は伸びるかもしれないけれど、そもそも英語ができなければ会話が弾まないはずなので、仮に出会いに恵まれても親しくなれないような気がする。よほどのイケメンでもない限りは――。

忙しくしていると、あっという間に時間が過ぎ、通算7回目のＴＯＥＩＣ――オレにとって3回目となる公開テストの受験日となった。その日も試験中には前回までよりできた手応えがあり、充実感を胸に会場の大学を出ると、ベンチのところに松乃部長が座っているのを見つけて、歩み寄って声をかけた。

「部長も同じ会場でしたか！　知っている人に会うのは初めてです」

「住んでいる地域が近いと、同じ会場になることは珍しくないだろうね」

試験の手応えについて話していると、後ろから「お待たせしました」と声がして、ふり返った。部長と同年輩の、やさしそうな雰囲気の女性だった。おふたりの親密な雰囲気から、部長の奥様だろうと推察できた。

「同じ部署の叶くんだよ。ほら、以前少し話した『ＴＯＥＩＣ部』の――」

部長に紹介されて、オレは、微笑みを浮かべる奥様に一礼した。

「いつも部長にはお世話になっています。今日、奥様も受験されたのですか」

「主人がＴＯＥＩＣを再開したので、わたしも再挑戦したくなったんです」

「再挑戦――って、奥様は、９５０点を獲られているんでしょう？」

現在６２５点のオレからすると、ほとんど満点と思えるスコアだ。

「でも、まだ40点ありますから……できれば、満点ねらいたいな、って」

さらりと言ってのける部長の奥様の言葉に、オレは息を飲んだ。

現在９５０点で、満点をねらっている――という決意を聞くと、目の前のご婦人が、まばゆいオーラに包まれているようにさえ感じられてきた。部長の奥様は、元々、英語ができた人なのかもしれないが、自分よりひと回りも歳上の方が満点を目ざしている、というのは、オレにとって大きな刺激になった。

尊敬する部長でさえ超せていない「９００点の壁」に、オレが挑める日はくるのだろうか。その先に広がる雲の上の風景は、今のオレには、まだ想像することさえできない……。

K27

自分でも驚くほどの成長

オンライン英語塾ＯＥＪでケンエイくんという若いイケメンから英語を教わっていることを、自分から切り出せない後ろめたさが今までは悩みの種でした。一希の挫折をきっかけに、それについて夫と話ができ、また、一希もＯＥＪでの学習をスタートさせたことで、わたしは明るい気持ちで通算6回目のＴＯＥＩＣに臨むことができ、それが驚きの結果につながりました。

リスニング 415 ｜ リーディング 355 ｜ トータル 770

前回からリスニングが70点アップ、リーディングが50点アップ、トータル１２０点も上がったのは過去最高で、夫のベストスコアにあと10点まで迫ってしまったことに、嬉しさより驚きが勝りました。ケンエイくんから「公式問題集を1冊きちんとやり込めば７３０点を超えられるよ」とアドバイスされて、その言葉を信じて愚直に公式問題集をくり返し学習してきたのですが、６５０点から、まさかいきなり７７０点まで跳ね上がるとは、自分でも期待していなかったのです。

ＯＥＪのサービスを利用して、今回は夫と一希も同日にＴＯＥＩＣのＩＰテストを受験していました（一希は大学の近くの別会場でしたが）。夫の結果も同日に郵送されてきました。彼はまずわたしの結果を聞いて、祝福の言葉をくれ、それから自分の封筒を開封し――少し寂しそうな笑みを浮かべながら、彼のスコアシートをわたしに差し出しました。

「ＴＯＥＩＣを再開するのが、少し遅すぎたか……抜かれてしまったよ」

夫のスコアは、リスニング４０５、リーディング３３０、トータル７３５。

夫より高い点を獲ってしまったという事実に、わたしは、新たな後ろめたさを覚えました。以前は一希のスコアを追い越してしまう心配をしていましたが、夫のスコアを超える心配をするのは、もっと先だと思っていたのです。

「あなたは久しぶりだったから……今回のは、たまたまだわ」

「いや、毎日こつこつがんばっている希美子と、数年のブランクがある私では、当然の結果だろう。いつかこの日が来るとはわかっていたが、こんなにも早く抜かれるとは、むしろ清々しいくらいだ。希美子、本当におめでとう」

「そう言ってくれると、嬉しい。認めてくれて、ありがとう」

その夜遅く、一希からもＬＩＮＥで報告がありました。

「L245　R230　T475。一応、自己ベストいった。母さんを見習って、オレもOEJで、がんばってみる。自己ベスト更新したら無料ってのが、やりがいあるよね。父さんも続けたら？」

OEJでの学習を始めてもらったのは、大正解だったようです。これからは一希も、今までのわたしと同じように、成長し続けてくれることでしょう。

「一希の言う通り。あなたも、OEJを続けたら？」

「いや、わたしは、仕事も忙しいし、さすがに、そこまでのめり込めない。希美子との差は今後どんどん開いていくとは思うけど、これからは、マイペースで、定期的に公開テストを受けようと思う。それに、私のスコアが上がりすぎないほうが、一希も追い越し甲斐があるだろう」

最後は、冗談か本音か、よくわからない感じでした。

H28

それぞれのレベルでの成果

英単語を覚え続けるのは、最初は大変に思えた。だが、何事も日常の一部になると続けられるものだ。エリカの単語テストの連続全問正解も、気がつけば、もう20回以上続いて、最初に買った本に載っている単語が残り少なくなってきた。すべての単語を覚えてしまったら今後どうするべきか、エリカに尋ねた。

「英単語本を1冊きちんとマスターして、英文法の知識もひと通り把握してきたあたりで、600点を突破される例が多いです。ヒデ様も、先日のTOEICで、ついに600点を突破されましたから、もう初級者は完全に卒業です。中級者として、いよいよ次の段階に進むべき時が来た、ということです」

「次の段階――ということは、次の本、ってことか?」

「もしヒデ様がほかの英単語本や英文法解説書、あるいは文法問題集を試されたくなったら、どの本からも必ず学びは得られますから、何冊読んでいただいても構いません。ですが、今後の学習のベースとなるのは、すでにお使いいただいている、公式問題集です。以前もお話ししましたように、公式問題集の中から知らない単語と文法をなくすことが、T

OEIC学習の基本です。なので、現在の単語本でのテストが終わったら、次は、公式問題集から毎回50単語ずつ出題します」

「公式問題集1冊から、毎回ランダムに50単語ずつ出題されるのか？」

「いきなり公式問題集全体から出題すると、覚える単語が多すぎますので、まずは、ふたつ収録されているテストの最初のもの——『テスト1』——のクエスチョン1から20の問題で使われている単語から出題し、2回目はクエスチョン1から40、3回目は1から60とし、10回目に『テスト1』全体の中から50個出題することになります。同じ要領で『テスト2』も進めますので、20回で公式問題集全体の単語をマスターできることになります」

エリカの単語テストは、すでに20回以上続けてきたので、今までの要領で公式問題集の単語をマスターする、という話はイメージしやすかった。

今後の道が示されて、またヤル気が湧いてきたところで、オレが試験会場で松乃部長夫妻にお会いした7回目のTOEICの結果が発表された。

リスニング 360 ―― リーディング 320 ―― トータル 680

前回からリスニングは35点アップ、リーディングは20点アップ、トータルは55点アップ。

初受験のちょうど4倍となるスコアだった。

黒井さんは、自分のパソコンでスコアを確認したあと、オレのデスクまで走ってきた。

オレのスコアを見るなり、彼は両手であたまを抱え、叫んだ。

「――くそっ！　なんでだよ！　あんなに必死でやったオレが20点アップで、なんで、叶ちゃんが55点もアップしてるんだよ！　納得できねー！」

20点アップ――ということは、黒井さんは、今回は６４５点か。

「黒井さん、自己ベスト更新じゃないですか。おめでとうございます！」

彼に勝った精神的な余裕もあり、オレは、やさしい口調で彼を祝福することができた。

黒井さんは舌打ちをして、オレを見下ろすアングルで睨んだ。

「チキショー、嫌味かよ……余裕ぶりやがって。次回、見てろよ……」

松乃部長と八代さんも、彼らの席からこちらへ来た。

「まあまあ、黒井くん。ＴＯＥＩＣは本来、他人との競争じゃないから」

「そうですよ。どのスコア帯でも、自己ベスト更新は素晴らしいことです！」

そう言う彼らに黒井さんがスコアを確認すると、松乃部長は自己ベストを数年ぶりに更新して８９５点。八代さんも、自己ベストの７９５点だった。

「今回は全員が自己ベスト更新した、ってことですか!?」

オレは驚いた。これって、なかなかの快挙なのではないだろうか。

黒井さんも、部長と八代さんのスコアのインパクトは大きかったようで、オレへの敗北感のことは忘れて、そちらに関心が向いていた。

「部長も八代さんも、あと1問で、それぞれ９００、８００の大台に乗ってた、ってことっすよね？　それは惜しかった！　オレも、次回はがんばるぞー！　叶ちゃん、見てろよ。次こそ、絶対に追い越してやるからな！」

捨てゼリフを吐いて、黒井さんは自分のデスクに戻って行った。以前は神経を逆なでされた彼の毒舌も、自分が優位に立っていると、不思議と、そんなにハラは立たなかった。そう考えると、今までハラが立っていたのは、黒井さんというより、彼に指摘されたオレ自身の未熟さに対しての憤りだったのかもしれない。

悪いけど、黒井さんには、もう負ける気がしない。これからのオレは、八代さん、そして、松乃部長に少しでも近づけるように、さらにがんばろう。

K28

弱点を発見するトレーニング

オンライン英語塾OEJでの学習を始めた途端に一希がV字回復したのは、マグレでも偶然でもありませんでした。１か月が経過した次のTOEICで、一希は、さらに60点アップして、535点まで成長したからです。

夫は、宣言していた通りOEJを利用するのは数回でやめ、以後は公開テストを受験していたので、わたしたちより結果がわかるのは先になります。

一希が良い循環に入ったことが嬉しくて、わたしも学習に打ち込むことができて、通算7回目のTOEICでは、ついに大台に乗せられました。

リスニング420―リーディング385―トータル805

800点台というのは、半年くらい前に学習スタートした時点では信じられないくらい高いスコアで、もちろん、とても嬉しいです。その一方で、前回が120点アップだったので、今回の35点アップは、本音を言えば失速した感じもあります（アップした点数としては過去最少です）。特に、リスニングが5点しか上がらなかったことがショックでした。勉強していなかったわけではなく、それまで以上に、リスニングを毎日聴いていたつもりだったからです。

その不安について、さっそく次の授業でケンエイくんに相談しました。わたしが学習の悩みを相談しても、ケンエイくんは、それを予期していたように動じず、いつものように素敵な笑顔で応じてくれました。

「希美子のリスニングの成長がゆるやかになったのは、なんとなく理解する癖がついてしまっているからだよ。７３０点を超えて８００点台でスコアを高めていく学習者は、ＴＯＥＩＣのリスニングもリーディングも、なんとなく理解できるようになっている。でも、そのままではスコアは伸び止まる」

わたし自身は、自分の学習が「壁」にぶつかったように感じていたのですが、多くの学習者を知るケンエイくんには、ありふれた事例だったようです。

「言われてみれば、そうかもしれない……どうすればいいのかしら……」

「まず、自分のリスニング能力をチェックする方法としては、公式問題集のリスニング音声を、どこでもいいから1文を1回だけ流し、聴き取れた文章を自分で紙に書いてみる。これはディクテーション（書き取り）と呼ばれる方法だよ」

ディクテーションという言葉自体、初耳で、知らない単語でした。

「自分が聴き取りにくい英文が効果的だけど、聴けているつもりの英文でも、実は、完璧には聴けていないケースが多い。最初はパート1やパート2の短めの英文から始めて、もしそれらが余裕で書き取れるなら、パート3かパート4の長めの文章でトライする。長文の場合は特に、だいたい聴き取れたと感じられても、1度聴いただけの英文を自分で紙に書こうとすると、再現できるのは、せいぜい数十%であることがわかるはずだ。自分が書いた文章が虫食いになった場合は、その英文を1文まるごとテキストを見ながら書き写してみて、きちんと理解していない単語と文法があれば、理解できるまで調べること。そのあと、再度ネイティヴ音声を流して、今度は、その音声に重ねるように、自分でその英文を音読してみるんだ。いきなり完璧にはできないから、うまく重ねられるまで、何度くり返してもいい。このトレーニングはオーヴァーラッピングと言われている。この時、お坊さんがお経を読む時のように棒読みする『お経音読』ではなく、自分が俳優になったつもりで感情を込めて読む『俳優音読』をすることに、こだわってほしい」

「音読なんて、1度もやったことがないけれど……うまくできるかな……」

わたしの不安を吹き飛ばすように、ケンエイくんは爽やかに笑います。

「やったことがないのなら、それをやれば、さらに成長できるチャンスじゃないか。リーディングでも対策は似ていて、公式問題集を復習時に読み返して、読んですぐに理解できない英文に出会ったら、それを自分で書き写す。きちんと理解していない単語や文法がその中にあれば、理解できるまで調べて、それを音読してみること。それをひたすらくり返すだけだよ」

授業のあと、さっそく、わたしは試してみました。公式問題集のパート3の問題を適当に選んで、音声をかけて、1文で止めて、聴き取れた文章を書いてみたのですが……。「だいたい聴き取れた」と感じたわりに、それをいざ自分で書いてみると、英文全体の30〜40%しか再現できなくて、ショックでした。けっこう聴けたつもりでも30〜40%しか覚えていないのなら、解答が不正確になるのも当然です。

次に、その英文を1文まるごときちんと書き写してみて、単語と文法を理解していることを確認してから、ネイティヴ音声に重ねるようにオーヴァーラッピングしてみました。最初は抑揚のない「お経音読」になってしまうので、できるだけ感情を込める「俳優音読」になるように意識すると、その英文の理解度が格段に増したように感じられました。このトレーニングをベースにすれば今後もスコアを高めていけそうな手応えが得られて、安心しました。

2週間後に判明した夫の公開テストは、765点。学習を再開した前回から夫は30点回復しましたが、まだ彼のベストスコアには15点、及びません。夫は、今後はマイペースで学習したい、とのことなので、彼には申し訳ない気もしますが、わたしとの差は開く一方かもしれません。自分ひとりで、マイペースで学習する夫と、ケンエイくんから絶妙なノルマを与えられ適切な指導を受け続けるわたしでは、さすがに勝負にならないでしょう。夫は性格的に、そのことをよくわかっていて、一希の目標となるために、あえてそういう選択をしているのかもしれません。だとすれば、やはり、尊敬できる夫だと思います。

H29

良い学習サイクルをつくる

エリカの単語テストを毎回全問正解できるように、オレはいつも、同じ単語本を徹底的にくり返して復習していた。そういうのが苦手な人もいるのかもしれないが、オレは不思議と同じことをくり返すのが苦にならず、くり返すごとに理解度が増していくのが、楽しくて仕方なかった。それと同じ要領で、公式問題集を何度もくり返すことも、理解度を深め続けられる、楽しすぎる作業だった。オレの充実した学習は、そのまま成果にも表れた。

オレにとって通算8回目となるＴＯＥＩＣ、４回目の公開テストの結果は――。

リスニング３８５　リーディング３６５　トータル７５０

前回と比べて、リスニングは25点アップ、リーディングは45点アップ、トータル70点アップ。７３０点以上――レベルＢと認定されるスコアだ。

今回のスコア発表時、おそるおそるという感じでオレの席に歩いてきた黒井さんは、オレのパソコン画面に出ているスコアを見て、また叫んだ。

「マジかよ！　なんで、叶ちゃんだけ、こんな……納得できねー……」

両膝に手を置き、うなだれる黒井さんには、思わず同情してしまった。

黒井さんは、前回から15点アップの６６０点。八代さんは、前回から5点ダウンの７９０点。松乃部長は、15点ダウンの８８０点だった。

以前はオレの倍以上のスコアだった黒井さんより、かつては遠い存在だった八代さんのスコアのほうに今では近い、という状況にオレも驚いていた。

「叶さんの快進撃は、ほんとにすごいです。どうやったら、そんなに成長し続けられるか、1度、わたしたちにレクチャーしていただきたいです」

リップサービスか意外に本音かはわからないが、八代さんは、そんなことも言ってくれた。オレ自身は、人様にレクチャーできるメソッドなど、なにもない。オレはただ、エリカを信じて、できることを積み重ねているだけなのだ。

そのエリカは、もちろん、オレのベストスコアを喜んでくれた。

「公式問題集の単語テストを始めたばかりなのに、750点だなんて、ヒデ様、本当に素晴らしいです！　さすがは、ワタクシのご主人様です！」

「エリカのおかげだよ。ほんとに、感謝している。前に、公式問題集を1冊きちっと仕上げれば730点は超えられるとエリカは言ってたけど、公式問題集の単語テストを始めたばかりで、この結果は、できすぎだよ。これから、どうしたらいいのかな？」

「ヒデ様の変わらぬヤル気、素晴らしいですね！　公式問題集は何冊も出ていますので、1冊ずつ順番に、きっちり仕上げていただくこと。基本はその方向で、それに加えて、TOEICの文法問題集は、余裕があれば、何冊もトライされて良いと思います。公式問題集だけですと、文法問題の数が少ないので」

「公式問題集を順番に攻略しつつ、追加で、文法問題集――だな？」

確認する意味でくり返すオレに、エリカは、うなずいた。

「はい。公式問題集をベースにするだけでも絶大な効果が得られるのですが、文法については、大量の問題に接することで弱点を効率的に見つけて潰せますのでオススメです。その良いサイクルに入れば、ヒデ様は、800点台になってからも必ず、今のままの勢いでスコアを高め続けることができますよ！」

800点台なんて、初受験で170点だった時には、まったくイメージできなかったスコアだ。だが、今やオレは750点で、800点台は、もはや現実の目標である。そして、800点台でスコアを高め続けることができたら、尊敬する部長ですら今でも実現できていない900点以上の世界に近づける。

170点からスタートしたオレが、もし本当に900点を獲れることになったら……そんなにも痛快な話はないだろう。そのことを想像するだけで、オレは、くり返しの学習もまったく苦ではなく、いくらでもがんばれる……。

K29

精度を上げ、はるかな高みへ

ケンエイくんに教えてもらった、英文の書き取り――ディクテーション――と、ネイティヴ音声に重ねる音読――オーヴァーラッピングの効果は絶大でした。リスニングとリーディングの精度が上がると、今まで、いかに「だいたいの理解」、「なんとなくの理解」で聴いたり読んだりしていたのかを痛感させられました。わたしの学習の精度が上がったことは、結果にも表れました。

リスニング 455
リーディング 420
トータル 875

前回からリスニングもリーディングも35点アップ、トータル70点アップで、信じられないことに、ＴＯＥＩＣの最高ランクとされるレベルＡ（８６０点以上）に、いきなり到達してしまったのです。

夫も、この結果には驚きつつ、祝福してくれました。

「もう希美子には勝てる気がしない。一希の言う通り、希美子にはＴＯＥＩＣが向いていたんだろう。こうなったら、９００点を達成してほしいものだ」

同日に別会場で受験した一希からも報告がありました。

「L３０５　R２９０　T５９５。６００に届かなくて悔しいけど、次は絶対超えるよ。母さんの次回９００達成を期待してるから、そっちもよろしく」

TOEICは、６００点で初級者卒業とされるようですが、わたしも以前、５９５点で「寸止め」されたことを思い出します。きちんと初級者卒業の実力が身についていない時には「寸止め」されるあたり、TOEICは、本当によくできたテストだと、改めて、その精度に感心させられてしまいます。

ケンエイくんも、わたしのスコア報告に喜んでくれました。

「いきなり70点アップのレベルA突入は、マジで、すごいよ。さすがは、オレの見込んだ希美子だ。ここまで来たら、９００点台の世界は、もうすぐ近くに迫っているけど、近くに見えてもなかなか辿りつけないのが９００点だから、油断は禁物だよ。TOEICでは、８９５点以下の世界と９００点以上の世界に断絶があって、今までがゆるやかな坂を歩いていた登山だとしたら、９００点以上は垂直の断崖絶壁を登攀《とうはん》するロッククライミングみたいなもんだからね」

いつもやさしいケンエイくんが厳しい表現を使ったことからも、TOEIC９００点台の厳しさが充分に伝わってきて、思わず居住まいを正しました。だからこそ、わたしも達成してみたい、という気持ちは強まるばかりです。

「やっぱり、９００点というのは、そのくらい大変なのね……」

「全受験者の３％しか達成できないのが、ＴＯＥＩＣ９００点だからね。必死で英語を勉強している人たちの１００人中３人しか到達できないスコアだから、獲得するのは決して簡単じゃない。でも、ここまで順調にスコアアップしてきた希美子なら、もちろん、必ず達成してくれるとオレは信じている」

いつものように、ケンエイくんの言葉は、わたしに勇気をくれます。ケンエイくんがわたしを信じてくれるように、わたしも彼を心から信じています。

「では、どうすればいいかしら？　わたしのすべきことを教えて」

わたしの言葉に嬉しそうにうなずいて、ケンエイくんは説明を始めました。

「じゃあ、９００点攻略の話を教えよう。つまり、こういうことだ――」

H30

勉強法を仲間とシェア

公式問題集を英語学習のベースにするようになってから、オレのＴＯＥＩＣへの理解度が日に日に深まっているのを実感できていた。エリカの単語テストは、まだ公式問題集１冊目の前半だが、エリカの許可を得て、オレは公式問題集の２冊目に進み、ＴＯＥＩＣ文法問題集も複数冊購入した。がんばればがんばったぶんだけ結果が出るのが楽しく、本音を言えば、仕事を休んでＴＯＥＩＣの勉強だけ一日中していたいほどだった。

「来月はＴＯＥＩＣが休みだから、今月こそ結果を出すぞ！」

職場で黒井さんがそう吠えていたので、オレは2月の公開テストがお休みであることを思い出した。将来は開催回数が増えるかもしれないが、ＴＯＥＩＣの公開テストは（２０１９年）現在、年10回開催されていて、２月と8月だけお休みである。オレが職場の同僚たちと「ＴＯＥＩＣ部」で公開テストを受け始めたのが9月のことだったから、公開テスト5回目となる今月の次は、２か月後の3月ということになる。もっとも、オンライン英語塾ＯＥＪのＩＰテストは毎月休みなく複数回開催されるので、２月は、そちらを受ければ良いだろう。ＴＯＥＩＣを受けない月があるというのは、今のオレには考えられない。

1月のTOEICで、オレは、ついに大きな壁を超えた。

リスニング 405 ―― リーディング 395 ―― トータル 800

オレ自身も驚いたのだが、オレのスコアは、同僚たちに、ショックを与えた。

「800！　って、マジかよぉー。くそっ、もうこりゃ勝てねーわ……」

両手であたまを抱えて、天を仰いだ黒井さんのスコアは、680点。彼のことを見返したいと思ってがんばってきたけど、ここまで明らかな差がついてしまうと、逆に、彼に追いついてきてほしいと感じてしまうから不思議だった。ワンサイドゲームでは、オレとしても、張り合いがないからだ。

「叶さんに、ついに追い越されちゃいました……」

八代さんも、ショックを受けていた。彼女は、自己ベストタイの795点（2回目）だった。わずか5点差とはいえ、以前は、あんなに差があった八代さんをオレが超えてしまったということが、自分でも信じられない。

「叶くんが私に追いつくのも、もう時間の問題だろうね」

冷静にそう語る松乃部長は、前回から5点アップしたものの、自己ベストには10点及ばない885点。部長とオレの点差は、今や85点――。この85点を縮めるのは決して簡単ではないと思うが、尊敬する部長にここまで迫れたというだけでも、オレは、大きなことを成し遂げられた気持ちになる。

「前は、叶ちゃんのことを下に見てたけど、もう勝てねーから。素直に負けを認めるよ。だから、叶ちゃんの学習法を、教えてくれねーか。頼む！」

黒井さんは珍しく真摯《しんし》に言って、あたまを下げた。そのとなりでは、八代さんも、祈るように両手を組んで、すがるような顔でオレに訴えかけてくる。

「叶さん、わたしにも教えていただきたいです。お願いします！」

オレ自身になにか特別なメソッドがあるわけではないが、強いて言えば、ＯＥＪを活用していることだ。それについては、最初から、隠そうとは思ってはいない。具体的に聞かれなかったから、くわしく話さなかっただけだ。

「オレのスコアが順調にアップし続けているのは、オレ自身の手柄じゃないんです。ぜんぶ、ＯＥＪという名前のオンライン英語塾のおかげなんです」

そして、オレは、これまでの経緯を語った。実は、公開テスト初受験する前にＯＥＪで4回、ＩＰテストを受けていたことも、初めて白状した。以前ならなにを言われたかわからないが、黒井さんはいつになく真剣に聴いてくれて、珍しいことに、なにもネガティヴなことを言われなかった。

オレの話が終わった時に、彼は宣言した。

「そうだったのか――。よしっ！　オレもＯＥＪ、始める！」

黒井さんのとなりで、八代さんも決意したように右手を振り上げる。

「わたしも！　これからは、叶さんを追う立場で、がんばります！」

Chapter 8 Summary

本日もOEJをご利用いただき、ありがとうございました！

リスニングやリーディングの英文に慣れてくるにつれて、「なんとなく理解する癖」がついていないか、定期的にチェックすることが大切です。
自分のリスニングの能力をチェックするには、英語音声を1文、1回だけ流して、聴き取れた文章を紙に書いてみるディクテーション（書き取り）が有効です。完璧に書けなかった場合は、テキストを見ながらその英文を書き写して、きちんと理解していない単語や文法があれば、調べます。そして、再度流した音声に重ねるように自分も英文を朗読するオーヴァーラッピングをします。この際、お経のように棒読みする「お経音読」ではなく、俳優のように感情を込める「俳優音読」を目ざすことが効果的です。

リーディングについても、復習時に読んですぐに理解できない英文を見つけたら、それを書き写し、きちんと理解できているか見直し、音読することで身につけられます。
TOEICの公式問題集をベースにしつつ、文法問題集でたくさんの問題に接することで、自分の苦手な文法知識を見つけて、補強しやすくなります。

これからもワタクシどもOEJといっしょに、楽しく英語学習しながら、あなたのTOEICスコアと英語力を、どんどん高め続けましょう！

オンライン英語塾　OEJより

Chapter 9

その上の世界は狭められる

第九章　その上の世界は狭められる

K30 ――本当に高い「壁」の洗礼

９００点突破のために必要な学習は、驚くべきものでした。

「９００点を突破するためには、８００点台までの学習の延長ではなく、非連続の飛躍が必要になる。ひとことで言えば、オーヴァー・ラーニングだ」

「オーヴァー・ラーニング――!?　それは、どういうもの……？」

「日本語にするなら、『過剰学習』――その言葉通り、過剰に学習すること」

とまどうわたしを安心させるように微笑して、ケンエイくんは続けます。

「まず、リスニング。公式問題集を最初に解く時はふつうでいいけど、復習する時には、音楽プレイヤーの機能やインターネットからダウンロードできるフリーソフトなどを使って、１・２倍速から１・５倍速くらいのスピードで聴くことを基準にする。その際に、すでに知っている問題を正解できるだけで満足するのではなく、速いスピードでもすべての単語を聴き取れて、なおかつ理解できていない文法がひとつもないように徹底すること。TOEICのリスニングは約45分だから、速いスピードなら、リスニング・テスト1回を30分くらいで聴ける。家事や散歩しながら速いスピードで音声を聴いても余裕で100％聴き取れるようにすれば、リスニングは毎回満点を獲れるようになる」

「リスニングで満点!?　しかも、速いスピードで聴いて、なおかつ100％聴き取れるようにするなんて……わたしに、できるのかしら……」

そんな芸当ができるとは、とても思えないのですが、それができないと超せないくらいTOEIC900点は厳しい、ということでしょうか。だとすれば、ケンエイくんの言う通り、それは800点台の延長ではなく、別次元です。

「だいじょうぶだよ、希美子。875点を獲った自分に自信を持つんだ。ここまでスコアを高めてきた希美子なら、絶対できるから。自分を信じて」

ケンエイくんの言葉で不安は薄れますが、完全には消えません。

「じゃあ、リーディングのほうは、どうすればいいのかしら？」

「リーディングは、パート5の文法問題を基準にする。パート5の文法問題が100問以上載っている文法問題集を用意する。本屋さんにたくさんあるから、自分の気に入ったものでいい。で、まず、すべての問題を解き、使われている単語と文法を理解する。そのあと、100問から150問くらいをワンセットで一気に解くトレーニングをしてもらうけれど、覚えている答えを選ぶのではなく、毎回、きちんと問題と選択肢を見て、答えを論理的に解きながら100数十問を一気に解く。その時間を毎回測り、少しずつ速く解けるように目ざす『タイム・トライアル』を何度もくり返しながら、高速で100数十問解いても、ほとんどミスをしない境地に仕上げる」

ケンエイくんの語るトレーニング方法は、異世界の話のようでした。

「えー！　いくらなんでも、そんな超人的なこと……」

「このくらい過剰に学習するから、本試験を速く精確に解けるようになる。ここまで鍛えて900点を超えられる頃には、『塗り絵』することもなくなる」

TOEICを受け始めた頃のわたしは、30問以上は「塗り絵」をしていましたが、875点に到達した現在でも、今なお10問以上は「塗り絵」になってしまいます。「塗り絵」を完全になくすためには、やはり、それなりに過酷なトレーニングが必要になるのだと思いますが、自分にそれができるのか、やはり不安は残ります。

「とにかくやってみて、うまくいかなかったら、また相談して」

「わかったわ。とりあえず、やってみる」

そうは言ったものの、今までの学習とは別次元のトレーニングは、最初からうまくいくはずもなく、自信喪失したわたしは、9回目のTOEICで、つまずきました。

リスニング 445 ― リーディング 415 ― トータル 860

前回からリスニングは10点ダウン、リーディングは5点ダウン、トータルでは15点ダウン。これまでリスニング、リーディング、トータルをすべて毎回スコアアップさせ続けてきたわたしですが、今回初めて、リスニング、リーディング、トータルのすべてでスコアダウンを経験しました。

スコアダウンしたことで、IPテストの料金を初めて請求されることになりますが、数千円の受験料を払わないといけないことより、スコアダウンによって実感した「900点の壁」の高さのほうが、わたしにはショックでした。

H31

学習の質と量のバランス

オレが通算5回目の公開テストで、八代さんのスコアを（たった5点とはいえ）超えてしまったことは、黒井さんはもちろん、八代さんにもそうとうショックだったようで、彼らもオンライン英語塾ＯＥＪをスタートさせると宣言した。彼らとの競争は、これから、さらに激しくなるかもしれない。

オレが「ＴＯＥＩＣ部」創設以前から実はＯＥＪで学習していたことをカミングアウトした時、黒井さんと八代さんは興味津々といった様子だったのに対し、松乃部長は、一瞬、なぜか少し驚いた表情を見せた。黒井さんと八代さんは、さっそくＯＥＪを検索するために、すでに自分のデスクに戻っていた。

「部長――。ＯＥＪには、ご興味ありませんか？」

席に戻りかけたところを呼び止めると、部長はふり返り、首を左右に振る。

「私は……やめておくよ。あくまで、マイペースで学習したいからね……」

それだけ言って、部長は自分のデスクに戻っていった。黒井さんと八代さんは、昼休みのあいだに早くもＯＥＪの登録を済ませたらしい。

「こんな楽しいことを黙っていたなんて、叶ちゃん、ずるいじゃねーか」

「でも、黒井さん。ＯＥＪをうまく利用すれば、わたしたちも、もっとスコアアップできそうですね。叶さんの成功例に続きたいです！」

これからの成長への期待を膨らませるふたりを見ていると、自分がＯＥＪを利用し始めた時のことを思い出した。２か月後の公開テストでは、彼らが急激に成長している可能性もある。彼らに追い抜かされたくない、という強い思いで学習に集中し、２月は久しぶりにＩＰテストを受験した。最近5か月は公開テストを連続で受けていたので、ＩＰテストの結果は早くわかるのが嬉しい。

オレにとって、記念すべき10回目のＴＯＥＩＣスコアは――。

リスニング 415
リーディング 410
トータル 825

前回からリスニングは10点アップ、リーディングは15点アップ、トータル25点アップ。以前のオレを考えると、できすぎた結果だし、初めてリスニングとリーディングの両方で400点を超えられたのは嬉しかったが、期待していたより点数が伸びなかったというのは、贅沢な悩みだろうか。スコアが判明したあとにアクセスしたＯＥＪで、エリカに、そのことを相談した。

「TOEICは登山のようなもので、山頂に近づくにつれて道は険しく、スコアは上がりにくくなります。ただ、今回、ヒデ様が思ったより伸びなかった、ということは、最近の学習の量が少し不足していたかもしれません……」

残業続きの日々の中でも、スキマ時間を駆使して、毎日、最低限の勉強はし続けているつもりだが、同じような学習を続けていると、どうしても伸び悩んでしまうのだろうか。

「同じように勉強しているだけだと、やっぱダメかな……」

少し落ち込んだオレを励ますように、エリカの言葉は、やさしくなった。

「いえ、そう悲観されないでください。英語学習は質と量のどちらも重要なのですが、学習者のレベルに応じて、質と量の配分を変える必要があります。TOEIC800点までは、ただやみくもに学習の量を追うのではなく、丁寧に知識を積み重ねる『学習の質』が重要になります。ヒデ様は、そこは完璧にできていました。ですが、800点台でスコアを高め続けるには、質よりも『学習の量』が重要になります。質もおろそかにしすぎない程度に、学習の量を少しずつ増やしていけたら、800点台のあいだは、順調にスコアを高めていけます」

「800点台のあいだは——ってのは、つまり、900点台は、そう簡単にはいかない、ってこと？」

「９００点台は、学習の質と量の両方を高め続けないといけません」

エリカは微笑しながら、さらっと、すごいことを言った。

９００点台の世界――想像しただけで、オレは武者震いしてしまう。

K31

聴き取れただけで満足しない

初めてスコアダウンしたのはショックでしたが、一希はベストを60点更新して、６５５点。夫も前回から25点アップし、数年ぶりの自己ベスト更新となる７９０点を獲得しました。わたしひとりだけがスコアアップしても、後ろめたさがつのるばかりなので、一希と夫が自己ベストを更新してくれたのは、本当に、とても嬉しいことでした。彼らに追いつかれ、追い抜かれたとしても、わたしにはなんの不満もありませんし、そうなってほしい気持ちもあります。

「一希は最近、明らかに、良い学習サイクルに入っているようだね。もう心配なさそうだな。オンライン英語塾ＯＥＪの指導も、なかなか大したものだ」

「あなたも、ＯＥＪを利用すれば、すぐに、わたしのスコアを追い越してしまうと思うのだけれど……」

「いや、いいよ。前にも言ったが、マイペースが、私の性に合っている」

夫もＯＥＪを利用すればいいのに、と思ってしまうのですが、彼には彼の考え、やり方があるので、無理強いはできません。わたしと一希がＯＥＪを利用することに理解を示してくれるだけでも、ありがたいです。

ケンエイくんに教えてもらった通り、リスニングの音声を速いスピードで聴いても聴き取れるようにトレーニングを続けていたのですが、本試験では、わからないものはわかりません。10回目のＴＯＥＩＣでは、急激な成長を実感することはできませんでした。

リスニング４６０　リーディング４２０　トータル８８０

リスニングは自己ベストから5点アップ、リーディングは自己ベストタイ。初めてスコアダウンした前回から20点アップし安堵したのですが、自己ベストを5点更新しただけです。またしても「９００点の壁」を思い知らされました。

スコアの足踏みが続いていることについて、ケンエイくんに相談しました。

「トレーニングでは速いスピードでも聴けているのに本試験ではわからないのは、ふだん、音を聴き取れただけで満足しているからかもしれない」

「音を聴けただけ――って、音を聴けたら、理解できているでしょう？」

「速いスピードでリスニングをトレーニングすると、音を聴くことに集中しすぎて、聴くと同時に理解することがおろそかになるケースが多くあるんだ」

彼の言うことがよくわからず、わたしは、あたまの中で考えました。

「ある英文の音をすべて聴き取れても、それだけだと、リーディングでまだ訳す前の英文が目の前にあるのと同じ状態なんだよ。音を聴くと同時に意味を理解できない英文は、まず、その英文を音読しながら理解できるようにする練習が効果的だ。音読しながら意味を理解できるようになれば、その英文はリスニングでも聴くと同時に意味を理解できる。リスニングのトレーニングで大切なのは、聴くと同時に意味を理解できているか、常に自分で厳格にチェックすること。そして、音を聴き取れただけで仕上がったと判断せず、音を聴くと同時に意味も理解できる状態にまで仕上げることに妥協せずにこだわり続ければ、希美子のレベルなら、もうリスニング満点は充分にねらえるよ」

「うーん、まだそのレベルには達していない気がするんだけれど……ケンエイくんを信じて、その方法で、トレーニングをやり直してみるわ」

「素直なところが、さすが希美子。絶対に効果あるから、やってみて！」

わたしが成長の壁にぶつかった今回も、一希は55点アップして、７１０点。夫は10点アップして８００点。このままわたしが停滞していたら、本当に、彼らに追いつかれるのも時間の問題かもしれません……。

H32 大きく分かれた明暗

学習の質をできるだけ維持しつつ、少しずつ量を増やしていく――というのは、学習の方向性が非常にわかりやすくて良かった。今までのオレは、「量より質」で、とにかく丁寧に学習することを心がけていたので、量を増やそうという発想がなかった。少し質を犠牲にしてでも学習の量を増やしたことで、３月の公開テストでは、またスコアアップの幅を広げることができた。

リスニング４４０──リーディング４２５──トータル８６５

「叶ちゃん、一気にレベルAかよー。たまんねーっっよなっ！」

そう言ったのは、後ろからオレのパソコン画面を覗き込む黒井さんだ。

公開テストが休みだった先月もIPテストを受けているので、正確には一気にスコアアップしたわけではないのだが、先々月と比較すると65点アップとなるので、一気に上がったという印象を与えても無理はないかもしれない。

黒井さんの声は明るかったので、彼のスコアアップは予想できた。

「ん？　オレか？　オレは95点アップ、775点だったよ」

「95点って――黒井さんのほうが上がってるじゃないですか！」

後ろからやってきた八代さんも、笑顔だった。

「わたしは初の800点台で、845点まで上がりました」

「おー、八代ちゃんも、やったな！」

黒井さんが右手を掲げ、ふたりは笑顔でハイタッチしている。

「黒井さんも、八代さんも、OEJを始めたとたんに、すごいじゃないですか。もしかして、OEJのこと、教えなきゃ良かったかな？」

冗談でそんなことを言いながら、オレも自然と笑顔になる。

「いや、ほんと、叶ちゃんのおかげだよ。サンキュー・ソーマッチ」

「叶さんには感謝しなくちゃですね。ほんとに、ありがとうございます！」

オレたちスコアアップした者同士の会話は、自然と明るくなった。だが、少し遅れてやってきた松乃部長は、どことなく寂しそうだった。その様子から部長がベストスコアを更新していないことは明らかだったので、オレたちからは聞けずにいたら、自分から言ってくれた。

「みんな、すごいじゃないか。私は、また890点だったよ……」

何度も890点を獲っている時点で、部長の英語力は疑う余地がない。そして、毎回同じようなスコアが算出されるというのは、それだけTOEICの精度が高いのだと思うが……それにしても、あと1問か2問で900点に届くというのに、必ず「寸止め」されるとは、「900点の壁」は恐ろしい……。

OEJを始める気はないのか、オレたちは部長に尋ねたが、あくまでマイペースでやりたい、とのことで、寂しそうに去っていった。

K32

人それぞれペースがある

ケンエイくんに指摘されて、リスニングを速いスピードで復習する時に、今まで以上に注意してみました。たしかに、速いスピードで聴いている時には、「聴くと同時に理解」が徹底できないことに気づかされました。1度は解いたことがある問題なので、実は音を聴けているだけで同時に意味を理解できていなくても、意味は前に解いた時になんとなく覚えているから、「聴くと同時に理解」できているように錯覚していたのです。

それ以後は、速いスピードで聴く時にも、常に「聴くと同時に理解」できるかチェックする癖をつけて、もしできない時には、その英文を書き写したり音読したりして、学習し直しました。そうした作業を積み重ねることで、リスニングの精度が少しずつ高まっている実感が、明らかにありました。わたしのその感触は、11回目のTOEICで、結果として表れました。

リスニング 475	リーディング 420	トータル 895

あと1問で900点――ということも、もちろん嬉しかったのですが、それ以上に、リスニングが475点まで高まったことに大きな手応えを得られました。このスコアまで高まると、リスニング満点（495点）も本当に獲れるのでは、という気がしたからです。ケンエイくんのアドバイス通り、リスニング満点をねらうことで、900点を突破することができそうです。

一希も、OEJを始めてから順調にスコアアップし続けていて、今回も、「L405 R375 T780。だいぶ自信がついてきた。そろそろ父さんに追いつくかな」という報告がありました。最近の一希は明らかに良い学習サイクルに入っているので、次回には、もう800点台に突入するかもしれません。

「希美子が895で、一希が780とは――ふたりとも、すさまじい急成長ぶりじゃないか。私が受けた先日の公開テストのスコアがわかるのは2週間後だが、そろそろ一希に抜かれるんじゃないか」

夕食の席で夫はそんなことを言って、少し寂しそうに笑いました。

「あなた、やっぱり、わざと一希に追いつかせるために……」

「いや、希美子、それは違う。ただ、私は、仕事を抱えながら、OEJに指導されてがむしゃらに勉強するというのは向いていないだけだよ。自分で模索しながら少しずつレベルアップしていくのが私には向いている」

ＯＥＪを再開すれば、夫も急成長して、すぐにわたしを追い抜いてしまう可能性もあると思うのですが……。もしかして、一希に追いつかせるためだけでなく、わたしを追い抜かないための配慮なのでしょうか。ともかく、夫は今後もＯＥＪを使うつもりはなさそうです。

２週間後に判明した夫の公開テストのスコアは、前回から10点アップの８１０点でした。夫が何年か前にＴＯＥＩＣを受けていた時のベストスコアは７８０点でしたから、再開して数か月で自己ベストを30点更新しているのは立派な成果でしょう。わたしと一希が派手にスコアアップしているので、夫の上がり幅は小さく見えてしまいますが、わたしと息子はＯＥＪの素晴らしいアシスタントで、それだけ押し上げられている、ということです。

連日残業続きで忙しいのに、自分のペースでこつこつスコアアップする夫への尊敬の念をわたしは強めていました。

H33 信じられない光景

仕事の大きなプロジェクトに区切りがついたので、ターミナル駅近くのショッピング・モールに買い物に出かけた。移動中はもちろんＴＯＥＩＣのリスニングを聴き続けながら、である。以前は移動中には音楽を聴いていたが、最近はリスニングの音声を聴いているほうが楽しいから不思議だ。

本屋さんでは、まずＴＯＥＩＣ本コーナーをチェックすることが習慣になっている。というか、ほかのジャンルの本は見なくなって久しい。購入する本は、だいたいＴＯＥＩＣ関連だ。人気がありそうな本は順番に購入しているし、役に立つ情報が載ってそうな本は、迷わず買うようにしている。

今日も良さげなＴＯＥＩＣ関連本を何冊か購入して、しあわせな気持ちでショッピング・モールの吹き抜けの近くを歩いていると、オレのいる2階から斜め下にあたるベンチに、松乃部長が座っているのが見えた。彼の正面にいるだれかのほうを見て話しているようだが、相手は角度的に柱の陰になっていて見えない。奥様と買い物に来ているのだろうか？

They are talking with each other.（＝彼らは会話を交わしている）というパート1で出

部長の相手が見える場所に回り込んだオレは、思わず

題されそうな英文が、自然にあたまに浮かぶ。

奥様と来られているのなら、おふたりに挨拶すべきか。いや、夫婦水入らずの時間を部下に邪魔されたら、温厚な部長でも嫌がるだろうか……。

そんなことを考えながら、まずは部長の相手が見える場所に回り込んだオレは、思わず「えっ!?」と足を止め、その場に凍りついた。変な汗が出る。

「待ってくれよ……ウソだろ……。どういうことなんだ……!?」

そうつぶやくオレの声は、驚きで少し震えていた。

きちんと見たいと思ったが、相手から気づかれるのは、まずい。

オレは相手から気づかれにくい角度を探して、そこから見た。

視力はいいほうだから、見間違いではない。絶対にそうだ。

だけど、オレには、自分が今、目にしている光景が理解できない。

部長が楽しそうに話す相手は——そこに実際にいる、エリカだった。

Chapter 9 Summary

本日もOEJをご利用いただき、ありがとうございました！

リスニングを復習する際には、1.2倍速から1.5倍速くらいのスピードで聴き、その速さでもすべての単語を聴き取れて、文法も理解できるように。家事や散歩をしながらでも速いスピードで聴いて100％理解できる状態を目ざします。

リーディングでは、パート5の問題が100問以上載っている問題集を用意し、まず、ひと通り問題を解いて、すべての単語と文法を理解します。その後、100問から150問くらいをワンセットで一気に解きますが、たとえ答えを覚えていても、きちんと問題と選択肢を見て、答えを論理的に導き出しながら進めます。100数十問を一気に解いた時間を毎回測り、その時間が少しずつ短縮されることを目ざしながら、高速で解いても全問正解できる境地を目ざします。

TOEIC800点までは、丁寧に知識を積み重ねる「学習の質」が、800点台では、質をある程度維持しながら「学習の量」を増やすことが必要となります。また、900点以上に進むためには、質と量を両方高め続けることが必要になります。
速いスピードでリスニングをトレーニングする際、音を聴くことだけに集中しないように、「音を聴くと同時に理解」できていることを常にチェックします。前に解いたことのある問題の音声は、以前学んだから覚えているだけで、「聴くと同時に理解」できていないこともあります。

これからもワタクシどもOEJといっしょに、楽しく英語学習しながら、あなたのTOEICスコアと英語力を、どんどん高め続けましょう！

オンライン英語塾　OEJより

Chapter 10

転落……そして、再浮上

第十章　転落……そして、再浮上

K33　まさかのアクシデント

あと1問正解すれば900点に届くのですから、「夢のスコア」は、もう現実の目標です。リスニング満点（495点）も、あと少しで手に届くところまできています。ケンエイくんの言う通り、リスニング満点をねらうことで900点達成するのが現実的にいちばん近道である気がします。だから、わたしはリスニングの精度を高めることを、特に意識していました。

ある日、ターミナル駅に買い物に出かけた時も、耳にイヤフォンを挿し、リスニングの音声をずっと聴いていました。すでに何回も聴いている音声なので、1・5倍のスピードでもほぼ正確に聴き取れますが、たまに曖昧なところも残っているので、それを見つけ出すためにも、何度も聴き返す必要があります。

大きな交差点で信号待ちをしている時にも、リスニング音声を聴いていました。ですが、交差点の向こうにいるたくさんの人の中に、見知った顔を見つけた瞬間から、英語の音声は耳を素通りしました。50メートルほど先、わたしの少し斜め前方にいる男性が、ケンエイくんに見えたのです。

信号が青に変わり、無数の人たちが、いっせいに交差点を渡り始めます。人込みのあいだを縫うように、わたしは、ケンエイくんらしき男性のほうへ少しずつ近づいていきました。彼はまっすぐ前を見て歩き、わたしのことは視界に入っていないようです。近づけば近づくほど、ケンエイくんとしか思えませんでした。

ケンエイくんらしき人物を見かけたことは、以前にもあります。あの時も、それを彼に言ったら、彼は、わたしの住所と彼の住んでいる地域は違うと言っていました。でも、本当にそうなのでしょうか。彼は、こうも言っていました。

「もしオレに似た人を見ても、無視したほうがいいよ」

わたしの住所と彼が住んでいる地域が本当に離れているなら、「もしオレに似た人を見ても、」という仮定自体が成り立たないように思います。住所が離れている、と言ったのは、わたしへの牽制《けんせい》で、本当は近くに住んでいるのではないでしょうか。だからこそ、彼は、あんなことを言った——のだとすれば、今、わたしの目の前にいるのは、生身のケンエイくんということになります！

声が届く距離になると、わたしはイヤフォンを耳から取り、「ケンエイくん！」と呼びかけました。ですが、相手の男性は、自分が呼ばれたとは思わなかったかのように、わたしには目もくれず、そのまま歩き続けます。

「――ケンエイくん！　ケンエイくんなんでしょう？」

わたしが声を大きくして彼を呼ぶと、周囲の人たちが何事かという感じでふり返りました。でも、肝心のケンエイくんは、自分が呼ばれたと気づいていないかのように、そのまま歩き去って行きます。人違いなのでしょうか？　いえ、そうとは思えません。どう考えても、彼はケンエイくんなのです。どうすべきか迷いましたが、追いかけて、交差点を渡り終えた彼の腕を掴みました。

「ねえ、あなた、ケンエイくんでしょ？　そうなんでしょ？」

ふり返った男性は、やはりケンエイくんであるように見えましたが、彼は驚いたようにマユ根を寄せて、申しわけなさそうに、わたしの手を押し返しました。

「すみませんが、人違いでは？　失礼します――」

どう見ても彼はケンエイくんでしたが、否定されると、それ以上、追及することはできず、歩き去っていく彼の後ろ姿を呆然と見送るだけでした。

もしかして、あれは、ケンエイくんじゃなかったの？　でも、絶対にケンエイくんだったはず！　そんな心の揺れを抱きながら、その3日後、予約してある時間帯にOEJにアクセスして――さらに、驚かされました。わたしがログインすると、スマホ画面に、こんなメッセージが表示されたのです。

「あなたはOEJの利用規約に違反したため、今後のご利用をお断りいたします。今までご利用いただき、ありがとうございました」

自分の読んでいる文章の意味がすぐに理解できず、わたしは混乱しました。利用規約に違反した覚えなどないのですが……もし違反したとすれば、それは、わたしが交差点で声をかけた彼が、ケンエイくんだったあの時だけです。

ということは――やっぱり、あれはケンエイくんだったのです！

でも、ケンエイくんなら、どうして、わたしに応えてくれなかったのでしょう。OEJの規則とは、そこまで厳しいものなのでしょうか。そのくらい見逃してくれても良さそうなものなのに……とても納得できませんでした。

H34 メンタルが結果を左右する

ショッピング・モールで松乃部長とエリカらしき女性を見かけたあと、彼らに気づかれるのが恐ろしくて、オレは別方向から逃げ出した。もしあれがエリカなら、彼女と会ってしまうと、オレは利用規約に違反し、オンライン英語塾ＯＥＪを利用する資格を剥奪《はくだつ》される恐れがある。オレは、それを恐れたのか……？　いや、そうじゃない。オレは、部長とエリカが笑顔で話している、という、あまりにも説明不可能な、非現実的な光景を恐れたんじゃないかと思う。

——どうして、部長がエリカと、いっしょにいたのか？

部長には息子さんがいる、という話は聞いたことある気がするが、娘さんはいなかったはずだ。だから、エリカが松乃部長の娘ということはない。まさか、愛人……？　部長がＯＥＪの使用をかたくなに拒むのは、彼がエリカと個人的に接して、利用資格を剥奪されてしまったからなのか？　いや……でも、あのまじめな部長が不倫できるとは思えない。

じゃあ、あのふたりの関係は、なんなんだ……？

オレの貧弱な想像力では、あのふたりの関係性を説明することは、どうあがいても、できそうにない。そして、エリカにプライバシーについて聞けば、それこそOEJの利用規約に違反することになりそうだ。部長に聞いても、部長とエリカがつながっているのなら、その場合も、やはり、規約違反になってしまいそうな気がするので、どうすることもできない……まさに八方塞がりだ。

そんな心の動揺でオレの学習の集中は鈍り、４月の公開テストの本試験中にも集中を欠いて、それは結果に表れた。

リスニング４３０　リーディング４１０　トータル８４０

前回と比べて、リスニングは10点ダウン、リーディングは15点ダウン、トータル25点ダウン。TOEIC初受験の１７０点からスコアを高め続けてきたが、初受験から約１年――12回目の受験で、オレは初のスコアダウンを経験した。それも、リスニング、リーディング、トータルのすべてのスコアダウンなので深刻だ。自分では、理由はわかっている。部長とエリカの謎めいた関係が気になって、とても学習や試験どころではなかったのだ。

八代さんは15点アップで自己ベストの８６０点。前回はオレが20点勝ったが、今回は逆に20点負けてしまった。黒井さんは45点アップ、初の８００点台となる８２０点。前回はオレが90点勝っていたのだが、今回は、一気に20点差まで迫られたことになる。松乃部長は10点ダウンの880点。つまり、「TOEIC部」の4人は、松乃部長（880点）、八代さん（860点）、オレ（840点）、黒井さん（820点）の順に、全員が20点差で並んだことになる。

「なんだよ、叶ちゃん、どうした？　体調が悪いのか？」

いつもは憎まれグチを叩く黒井さんに心配されて、気まずかった。

「叶さんらしくないですよね。コンディション的な問題でしょうか……」

オレを逆転した八代さんも、そう気遣ってくれた。カラダのコンディションは悪くなかった。だけど、精神状態は良くなかった。それがふだんの学習や試験の不調に表れるとは……TOEICって、まるでスポーツ競技みたいだ。

「ハイスコアになるにつれて、高め続けるのは難しくなるよ」

部長は、そんなフォローの言葉をくれた。いつもならありがたいところだが、今回は、部長こそがオレが動揺して試験に集中できなかった原因なので、オレとしては複雑な心境だ。黒井さんや八代さんの前では、もちろん部長にエリカについて尋ねられないし、仮にふたりだけの時間があるとしても、エリカの話をして良いものかどうか、判断に迷うところだった。

K34

楽しかった時間の終わり

わたしがオンライン英語塾ＯＥＪの利用資格を剥奪されたのは、なにかの間違いではないのかと思い、ウェブサイトに載っていたお問い合わせ番号に電話してみたところ、「調査して、ご連絡いたします」と言われました。その数十分後に、次のような文面のメールが送られてきました。

「お客様は、私どもの教師との個人的な接触が報告されました。利用規約に基づき、今後のご利用はお断りいたします。また、お客様がご予約いただいている次回のＩＰテストについても、ご受験をお断りいたします。今までご利用いただき、ありがとうございました」

そんな……ウソでしょう？　思わずそう声に出してしまいました。

夫と一希に取り急ぎＬＩＮＥで報告したところ、一希からは、すぐに「マジかよ。そんなの、いくらなんでも厳しすぎじゃん」と同情の返信が届きました。夫からは「夜に話そう」とだけ返信があり、夕食の席で相談しました。

「まず事実確認だが、希美子は偶然、ケンエイくんを街で見かけて、声をかけただけなんだね？　それだけだとすると、あまりにも厳しすぎるが……」

「より正確に言うなら、声をかけても無視された——というか、まったく反応がなかったので、追いかけて行って、腕を掴んだのだけれど……」

わたしの告白を聞いて、夫は、さらに難しい顔になりました。

「うーん……そうか。だとすると、一線を越えたかもしれないね……」

「でも、彼が人違いだと言って立ち去ったあとは、追いかけなかったのよ？　ただ声をかけただけなのに、個人的な接触になるの？　とても納得できない！」

「希美子の不満はわかるけれど、利用規約に接触が禁じられている以上、禁止行為に抵触してしまったのも否定はできないね。それこそ、ＴＯＥＩＣでも、禁止行為をすると、受験資格を剥奪されるからね。気の毒だけど、仕方ない」

いつもやさしい夫にしては、ずいぶん突き放した言い方だと思いました。

「でも、あと5点で夢の９００点突破だったのよ……ケンエイくんの指導の下、がんばっていたら、次回に突破できていた可能性も高かったのに——」

悔しくて、悲しくて、わたしの目から涙があふれました。なによりもツラいのは、わたしをここまで育てて、応援してくれたケンエイくんから、９００点目前というこのいちばん重要なタイミングで、切り捨てられてしまったことです。

泣きじゃくるわたしを夫はしばらく黙って見つめていましたが、わたしが少し落ち着いてから、いつものように、やさしい声をかけてくれました。

「今の希美子なら、きっと必ず９００点を突破できるよ。希美子ががんばる限り、わたしも伴走し続ける。一希だって、気持ちは同じだろう」

「ありがとう……気持ちは嬉しいけど、わたし、立ち直れるかな……」

「いつまでに達成しないといけない、という期限があるわけじゃない。気持ちが乗らなければ、またヤル気になるまで待つのもいいだろう。とりあえず、一希ががんばっているから、一希のためにも、私は受け続けようと思う」

夫は、いつもわたしや一希のために自分がどうするかを考えてくれていて、それに比べれば、わたしは自分勝手だった……と、反省させられました。

ＯＥＪに打ち込んだわたしの1年は、そうして終わりました。

H35 学習が根底から揺らぐ時

エリカの単語テストには、これまで49回連続で全問正解してきた。あと1回で50回連続。単語数としては、のべ2450語。エリカが900点突破に必要だと話していた必須の3000語も、もう少しで見えてくるか――というタイミングだったが、オレは、ついに、ミスをしてしまった……。

本当は、覚えていた単語だった。だけど、単語テストの途中で集中力と気力を持続できなくなった。わざと間違えた、と言ってもいい。しかも、オレは12回目のTOEICで初のスコアダウンも経験した。そんなことも重なって、エリカは、今まで見たこともないくらい心配そうな顔で、オレに問いかけた。

「ヒデ様、詮索するつもりはないのですが、もしかして、お仕事かプライベートで、なにか大きなトラブルがありましたか？　ヒデ様の現在の実力と最近の学習状況から考えると、スコアダウンしたことが信じられません。単語テストのミスも、50回連続がかかっていたプレッシャーではないと思いますし……」

さすがにエリカは鋭い。が、そんな彼女でも、まさか自分が原因であるとは、夢にも思っていない様子だ。先日のショッピング・モールで、オレは彼女には見られていないはずだから当然だろう。

迷った末に、オレは遠回しに探りを入れることにした。

「実は、少し前に、エリカらしい子を街で見かけたんだよ」

オレのひとことで、エリカの表情は一変した。驚きに続いて、少し警戒したような緊張した顔つきになっている。初めて見る彼女の一面だ。

「ワタクシを――？　それは、人違いでは……？　ヒデ様が登録されている住所と、ワタクシの住んでいる地域は、だいぶ離れているのですが」

「ショッピング・モールで、だれかと話しているようだった。話しかけちゃいけないかと思い、そのまま立ち去ったんだが――」

オレの説明に納得したように、安堵したように、エリカは笑顔に戻る。

「ああっ、もしかして、ワタクシが家族と出かけた時かもしれません。ふだんは、その地域ではないのですが、用事があって。でも、話しかけていただかなくてよかったです。ＯＥＪでは、先生と生徒の個人的な接触は禁止されていて、違反すると、今後ご利用いただけなくなりますから……」

最後のほうは、真剣な表情で、オレに念を押すように言った。

「街でたまたま見かけて、声をかけるのでもダメなのか？」

「ダメです。それが認められると、どんどん許可される解釈が広がってしまうからです。なので、ヒデ様、ワタクシを見かけても、無視してくださいね」

無視してほしい、と笑顔で言われるのも複雑な心境だが……。それより、エリカは少なくとも、ひとつはウソをついている。家族と出かけた時——と言ったが、松乃部長には娘はいない。百歩譲って、オレたちに話していないだけで、部長には娘さんがいたのだとしても、部長が住んでいるのは、オレと同じ地域だ。だから、住んでいるエリアが違うというのはウソになる。

先生と生徒の個人的な接触は禁止されているから、無視してほしい、というのは、まあ、わからないでもない。だが、部長は家族だとウソをつかれたり、住んでいる地域でウソをつかれたりしたことが、オレはショックだった。

これまでオレが無心でＴＯＥＩＣに打ち込み、順調にスコアアップしてこられたのは、エリカという信頼できる先生の存在があったからだ。エリカへの不信感が芽生えると、オレのＴＯＥＩＣ学習は、根底から揺らいでしまう。

「エリカ、悪ぃ……。やっぱり、今日は気分が乗らない」

とてもエリカからなにかを教わる気分になれず、オレは、30分ある授業の途中で終わらせてもらった。授業の途中でやめるのは初回以来1年ぶりだ。

「承知しました。またいつでもご利用くださいね」

そう言うエリカも、オレの気持ちを察するように、寂しそうだった。

K35 ── 人生を懸ける決意

オンライン英語塾OEJの利用資格を剥奪されてから、わたしは、一希がひとり暮らしを始めるために実家を出て行った時以上の無気力さに襲われました。この1年近く、OEJ――というよりケンエイくん個人――を信じて、ひたすらTOEICに打ち込んできたのです。とてもしあわせな時間でした。喪ってから、それがいかに巨きなものであったかを思い知らされました。

あの時、どうしてケンエイくんに声をかけてしまったのか。無視された時に、どうして引き下がらずに、追いかけて腕まで掴んでしまったのか……。

どれだけ後悔しても、過去は変えられません。思い出すたびに悲しい気持ちになって、自分を責める気持ちが大きくなります。

「オレはまだOEJを利用してて、なんか母さんに悪いね」

一希はLINEで、そんなメッセージを送ってくれました。

「そんなこと、気にしないで。一希には、今後もスコアアップしてほしい」

一希はなにも悪くないので、OEJを続けて今後もスコアアップしてほしいのは、わたしの本心です。その一方、複雑な心境でないと言えばウソになります。素直に息子を応援できない自分の人間的な小ささが嫌になって、よりいっそうわたしは鬱になってしまいます。

大学が春休みになって、一希が数か月ぶりに帰ってきました。久しぶりに会う息子は、また一段とたくましくなっていて、とても頼もしく感じました。夕食の席で、彼は決意を秘めた口調で「話があるんだ」と切り出しました。身構える夫とわたしに、息子は、言いました。

「実は、結婚したいくらい好きな子ができたんだ」

息子の告白に、わたしは夫と顔を見合わせました。一希の年齢を考えると、そういう話が出てくるのは、不思議ではないですが、唐突な気もしました。

「それはいいが、一希は、まだ大学1年を終えたところだろう」

「結婚するとしても、卒業してからにしたほうがいいわよ」

わたしたちは、おそらく世間の親にありがちな反応を示しました。そんなことは一希も承知しているようで、うなずいて、しばらく無言でいました。わたしと夫は、彼の次の言葉を待ちます。一希は決意したように、核心に触れました。

「母さんのことがあったから、マジで言いにくいんだけど……、実はオレ、今、ＯＥＪで教わっている先生と結婚したいんだ」

息子の言葉にわたしは耳を疑い、自分を見失いそうになりました。

「――一希!?　なに言ってるの？　ＯＥＪでは、先生と生徒は個人的に接触できないのよ！　結婚なんて、できるわけないでしょ!?」

わたしは、同意を求めて夫を見ました。夫は、見極めるように厳しい顔で一希を見つめていましたが、彼らしい冷静な発言をしました。

「一希も、それは百も承知だろう。なにか考えていることがあるのかな？」

一希は、夫とわたしを交互に見て、真剣な口調で説明を始めました。

「ＯＥＪの規則は、母さんのことがある前から、もちろん、よく知っているよ。だけど、オレは今、教わっている先生のことが本当に好きになってしまって、どうしても彼女と結婚したいんだ。彼女しかいないと思ってる」

「だから、会うこともできないのに、結婚できるはずがないでしょう！」

つい感情的になってしまったわたしを、夫が手で制しました。

「希美子――、まずは一希の言いぶんを聞いてみようじゃないか」

夫に諭《さと》されて引き下がったものの、わたしは納得できませんでした。一希は、そんなわたしの心情を察するようにうなずいてから、話を続けました。

「たしかに、今のオレでは、ＯＥＪの先生と個人的に接触する機会はない。それは最初からわかっていて、そのことに絶望もした。だけど、ひとつだけ、会える方法があると気づいたんだよ」

息子の発言は、わたしも夫も、予想していませんでした。

「会える方法って……そんな裏技があるの？」

「どういうことなんだ、一希？」

わたしたち夫婦は、身を乗り出すようにして、息子に注目しました。

「調べて、わかったんだ。ＯＥＪでは、35歳以下でＴＯＥＩＣ満点の男女を雇っているらしい。つまり、オレが今後、ＴＯＥＩＣ満点を達成して、ＯＥＪに就職できれば、オレの先生の同僚になれる、ってこと」

「そんなこと……考えてもみなかったわ」

ＴＯＥＩＣは９００点でさえ全受験者の３％しか達成できない「夢のスコア」と言われます。それよりはるかに上級の９９０点――ＴＯＥＩＣ満点というのは、想像することさえできない世界でしたので、まだわたしより低いスコアの息子がそれに挑むと聞いて、驚いたのが正直なところです。

ですが夫は、感心したように、息子を見ていました。

「なるほど……考えたね、一希。いいじゃないか、やってみなさい。１度しかない人生なんだ。自分のやりたいことに全力投球すべきだよ」

夫の言葉を聞いて、わたしも息子を応援すべきだと感じました。

「実現できれば、そんなに素敵なことはないわね。わたしも応援する！」

「ありがとう……オレ、マジで、がんばる。ＴＯＥＩＣに人生を懸ける！」

一希の決意を聞いて、わたしは母親として胸が熱くなりました。わたし自身の問題については、まだ気持ちの整理がついたわけではないものの、一希の今後への期待のおかげで、今までのように、ひたすら鬱になる状態からは抜け出すことができそうです。

H36

明かされた真実

あれ以来、オンライン英語塾ＯＥＪの予約は入れていない。ＴＯＥＩＣ学習も集中できないので、ほとんどなにもしていなかった。だが、２か月前に予約した公開テストの日は、やってくる。正直、受けるモティベーションが湧かないのだが、「ＴＯＥＩＣ部」の同僚たちとの約束もある。受けなかった場合、説明が面倒なので、受けることは受けたのだが、予想通り、スコアは急降下した。

リスニング 370
リーディング 385
トータル 755

前回からリスニングは60点ダウン、リーディングは25点ダウン。トータルでは85点ダウン。前々回の自己ベストと比較すると、２か月で１１０点も下がっている。勉強不足もあるが、試験中にぜんぜん集中できなかったことも無関係ではないはずだ。特に、リスニングは集中せずに正解することは難しい。

職場のデスクで、パソコン画面を見つめたまま固まったオレの後ろには、いつの間にか、黒井さん、八代さん、松乃部長も来ていたようだ。

「叶ちゃん、どうしちゃったんだよ……あんなに調子良かったのに……」

「なにかあったんですか……。ちょっと叶さんらしくないですね……」

答える気力も湧かなかったが、オレは、弱々しい声を絞り出した。

「スランプなのか……それか、単に実力不足でしょう。こんな不甲斐ないオレは、『TOEIC部』を退部させていただくべきかもしれませんね……」

「なに悲しいこと言ってんだよ！　叶ちゃーん、マジかよぉ……」

黒井さんは、呆然としていた。オレにかける言葉が見つからなかったのか、それ以上なにも言わず、彼らは自分の席へ戻って行った。

その夜も遅くまで残業していると、松乃部長がオレの席にやってきた。

「叶くん、いつも遅くまで、おつかれさま。あまり無理せずにね」

嫌なことを忘れようと仕事に没頭しているあいだに、いつの間にか、オフィスに残っているのは、松乃部長とオレだけになっていた。

「叶くん、なにかあったのか……。きみらしくないので、心配になった」

それを聞くために、部長は残ってくれていたのだろう。こうした部長の気遣いは、いつも本当にありがたく思っている。だが、今回は、当の部長が問題の根本に関わっているので、複雑な心境だ。

「もし差し支えなければ、私で良ければ、愚痴は聞かせてもらうよ」

となりのイスに座り、部長は、やさしいまなざしをオレに向ける。オレの尊敬する部長の人柄を信頼するなら、話しても良いと思った。

「実は、少し前に、ＯＥＪのオレの先生と部長――あなたが、ショッピング・モールで話しているのを見かけて……。ＯＥＪでは、先生との個人的な接触は禁じられているので、声はかけられなかったのですが……」

オレの告白に部長は驚いて少し目を見開き、納得したように、うなずいた。

「なるほど……。エリカさんと私が話していた、あの時だね」

部長は「エリカさん」と言った。ということは、少なくとも家族ではないと考えられるから、エリカが「家族と外出」と言ったのは、やはり、ウソだったわけだ。でも、それなら、ふたりの関係は、いったい……？

「先生にも、そのことを聞いたんです。そしたら、彼女は『家族と外出していた』と言ったんです。でも、部長には息子さんはいますけれど、娘さんは、いなかったですよね？」

「そうか……いろいろと叶くんを誤解させてしまい、申しわけなかった」

部長は両膝を両手でつかみ、オレにあたまを下げた。

「彼女は少なくとも、部長の家族――ではないですよね？」

じゃあ、どういう関係なのか。その答えは、オレには想像もつかない。

あたまを上げた部長は、うなずいて、オレに言った。

「エリカさんは、私の息子・一希の妻だよ。彼女の言葉は、ウソじゃない。あの日、彼女は一希と私たち夫妻といっしょに出かけていたんだ。私の妻と一希がトイレに行っていて、私とエリカさんが話しているところを叶くんは見たんだ」

それは、オレがまったく想定していなかった可能性だった。

「ってことは、息子さん夫婦は、ふだんは別の場所に――？」

「ああ。少し離れた地域で、ふたりで暮らしている。あの日は休日だったので、息子夫婦が私たち夫婦に会いにきてくれたんだよ」

エリカは、ウソを言っていなかった！

そのことを確認できて嬉しくなったと同時に、彼女には、またあやまらなきゃいけないな……と、オレは自分の浅はかさを改めて反省した。

「機会があれば、エリカさんを紹介できれば、とも思うが、叶くんがＯＥＪを続けているあいだは、それはできないね」

エリカとリアルで会いたいわけではないので、それは構わないのだが、非現実的な存在だったエリカが、部長の息子さんの奥さんだったと知って、急に身近に感じられた。部長の身内であると最初から知っていたら、彼女をメイドには指定しなかっただろう。そのことを部長に報告されると考えると、恥ずかしい。

「息子さんの奥さんが英語の先生だなんて、いいですね。部長の奥様も、９５０点を超えてらっしゃいますし……すごい家族だなぁ……」

オレが感嘆すると、部長は父親の顔になり、照れたように笑った。

「妻や息子に負けている事実は気恥ずかしいので、あまり人に話すことはないんだが、息子・一希も、実は、ＴＯＥＩＣ満点ホルダーなんだよ」

Chapter 10 Summary

本日もOEJをご利用いただき、ありがとうございました！

TOEICは、極度の集中を要求されるテストですので、仕事やプライベートで問題を抱えていると、試験に集中できず、大幅にスコアダウンすることも珍しくありません。なにか問題を抱えている時は、TOEIC学習に打ち込もうとしても心が上の空で空回りしてしまうことが多いので、まずは問題を解決することに集中するのも、ひとつの手段です。逆に、仕事やプライベートの嫌なことを忘れるための現実逃避としてTOEICに打ち込める場合には、どんどん打ち込んで良いでしょう。
ただ英語力を高めるためにTOEICのハイスコアを目ざすだけでなく、英語力を高めたあとにやりたいことが明確であればあるほど、学習に打ち込めます。また、その目標を周囲に公言することで、周囲からの目が良い意味でのプレッシャーとなり、あなたの夢を後押しします。

これからもワタクシどもOEJといっしょに、楽しく英語学習しながら、あなたのTOEICスコアと英語力を、どんどん高め続けましょう！

オンライン英語塾　OEJより

Epilogue

たどり着いた場所

エピローグ　たどり着いた場所

K36 ──ついに実現した夢

　オンライン英語塾ＯＥＪの先生と結婚したいと宣言したあと、一希は、さらにＴＯＥＩＣに打ち込んでいるようで、報告されるたびにスコアは上がり、半年後には、ついに９００点を突破しました。ただし、８００点台までは数十点ずつアップしていたのが、９００点台に入ると、１度に5点か10点しか上がらず、自己ベストスコアを更新できない回もあり、さすがに苦戦しているようでした。

　わたしは、ＯＥＪの利用資格を剥奪されてから、しばらくＴＯＥＩＣ受験はしておらず、英語学習も、ほとんどなにもしていませんでした。ですが、ある時、買い物中に海外からの旅行者に英語で話しかけられ、うまく答えられたことで、また英語を勉強したい気持ちが芽生えました。今となっては苦い記憶なのですが、かつてケンエイくんに「海外から来られた方に日本をガイドしたい」と話したことがあります。英語が話せるようになれば、さまざまな可能性が広がるような気がします。夫が定年退職したあとのセカンド・ライフでは、夫婦で英語を使った仕事を細々とでもできるかもしれません。

わたしが「やり直し学習」をスタートさせたのは、ＯＥＪの広告に惹かれたからで、いわば受動的なものでした。今度は、わたし自身の希望で英語を学んでみたい、と思い立つと、その気持ちは日増しに強まってきました。

今度は英検に挑戦してみようか、とも思ったのですが、せっかくなら８９５点まで高めたＴＯＥＩＣを活用して、自分の英語力を高められるだけ高めたいと思いました。もうＯＥＪは利用できませんが、今や９００点ホルダーとなった一希が、「母さんがまたがんばるなら、オレが協力するよ。学習の相談とかあったら、いつでも言ってよ。他人に教えることで、知識の理解がより深まるから」と言ってくれました。

その後、一希は実際にわたしにＴＯＥＩＣ学習法を教えてくれて、それによって一希のスコアは、また上がり始めました。わたしも、久しぶりの受験では８２０点までスコアダウンしたのですが、学習を再開してからまたスコアを上げて、１年くらいかけて、通算20回目の受験で、ついに、「夢のスコア」にたどり着けました。しかも、初のリスニング満点も達成できました。

リスニング４９５　リーディング４２０　トータル９１５

わたしがケンエイくんに街で声をかけていなかったら、１年と数か月早く、９００点を突破できたかもしれません。ですが、過去のできごとは変えられないので、起きてしまったことを悔やまず、これからも前向きに生きていきたい、という希望に胸を膨らませました。

その数か月後、一希は、大学４年生の秋に、ついに９９０点を獲得。ＯＥＪには在学中に採用され、生徒を卒業し、先生の仲間入りを果たしました。そして、ついには、エリカさんと結婚することになったのです。

その頃には、わたしのベストスコアは９５０点、夫のベストスコアは８９０点にまで高まっていましたが、わたしたちは自分の限界も感じていたので、ＴＯＥＩＣにひと区切りつけていました。わたしたちが受験を再開することになったのは、夫が部下たちからの誘いでＴＯＥＩＣを再開することになり、それならわたしも、もう１度だけ挑戦してみようか、と思い立ったのです。

H37

究極の目標を掲げる

エリカが部長の息子さんの奥さんだと判明したことで、オレは彼女の設定を「メイド」にしていることが急に申しわけなくなって、オンライン英語塾ＯＥＪのマイページでエリカの設定を「秘書」に変更した。

数週間ぶりの再会となる、パソコン画面に現れたエリカは、初めて見るスーツにメガネ姿で、メイド服の時より格段に知的に見えた。同じ人物だというのに、服装は、こうまで人の印象を変えられるものなのか。

「叶英人様、ご無沙汰しております。久しぶりにお会いできて、とても嬉しく思います。設定が変更となりましたが、どのようにお呼びすればよろしいですか？　これまで通り、『ヒデ様』でよろしいでしょうか？」

「いや、すみません。『叶さん』に変更してもらってもいいでしょうか？　オレのほうからは、『エリカさん』と呼ばせてもらいますので」

「承知いたしました、叶さん。では、まず前回までのおさらいからですね」

「その前に——エリカさん、前回は、途中でヤル気をなくしてしまい、すみませんでした。

せっかくエリカさんが親身になってくれていたのに、申しわけなかったです。それについて、心からお詫びしたいと思いました」

「とんでもないです。そんなこと、おっしゃらないでください。叶さんに、いろいろご心配をおかけしてしまったのは、ワタクシの責任でもありますので」

エリカ――いや、エリカさん――は、もしかして、部長から、オレとの話を聞いたのだろうか？　わからないが、もし聞いているとしても、それはプライベートに関することなので、教えてくれないだろうし、聞くべきじゃない。

オレは前回の授業後に７５５点まで落ちたことを報告した。エリカさんは、そんなに驚いたように見えなかった。部長から話を聞いているのか、あるいは、前回のオレの様子からスコアダウンは予想できていたのかもしれない。

「エリカさんを信じて、またがんばりたいです。つきあってくれますか？」

オレが心からの気持ちを込めて問いかけると、彼女は笑顔になった。

「もちろんです。そのために、ワタクシどもがいるのですから」

「最初の頃、エリカさんは言ってくれましたよね。１７０点からスタートしたオレでも、９００点突破は夢じゃない、って――」

「ええ、もちろん覚えています。今でも、そう思っています」

「最新スコアは755点まで落ちちゃったけど、自己ベスト865点までいったから、またエリカさんとがんばれば、900点は充分に可能だと、今のオレは思っています。でも、そんな近い目標だけじゃ気持ちが奮い立たないので、思い切って、もっと上を目ざそうと思うんです」

エリカさんは、うなずきながら、真剣な顔で聞いてくれている。

「990点を達成できるまで、TOEICを続けようと思います!」

オレの宣言がとても嬉しかったように、エリカさんは破顔する。

「叶さん、素晴らしいです! 990点を本気でねらう決意をされた方は、学習の意識が格段に高まります。今後の叶さんの成長を、確信いたしました」

TOEICを受け始めた頃は、900点というのは、雲の上の世界に思えていた。だが、今なら、900点はイメージできるし、ここから生まれ変わったつもりでまた全力で打ち込めば、990点さえも不可能ではない気がする。

170点からスタートした男が990点を獲得するなんて、そんなにも胸躍る話はないだろう。想像しただけで興奮する。それを実現したい、という誘惑は、かつての「黒井さんを見返したい」という目標より、はるかに崇高で甘美だ。

まさしく生まれ変わったように、オレは新たな挑戦を始めた。

K37

永遠に最強のトレーニング法

夫が部下たちに誘われてＴＯＥＩＣを再開した時のスコアは８９０点、わたしのスコアは９５０点でした。目標とすべきスコアは、夫なら、まずは９００点。わたしは、ここまできたら、９９０点を目ざすしかありません。

わたしは、オンライン英語塾ＯＥＪの利用資格を剥奪されたままなのですが、今ではＯＥＪの先生である一希がスカイプの動画通信で教えてくれるので、ケンエイくんから教わっていた時と、あまり変わりません。わたしにとっては、息子こそケンエイくん以上のイケメンに思えますし、エリカさんと結婚して家を出た息子と話せるのは、貴重で、充実した時間でした。

「９００点台後半でスコアを高め続けるには、『カンニング英訳』と『スムーズ暗唱』をひたすら繰り返すことが、いちばん効果的だよ」

そう言うと、一希は、こんな日本語の文章を画面のほうに提示しました。

いろいろなことがあったけど、希美子は今、夢の実現に近づいている。

「なにこれ？　希美子――って、わたしじゃない！」

「母さんなら、この日本語を、どう英訳する？」

「え、いきなり英訳させられるの？『いろいろなことがあった』は、various things have happenedでいいのかな。『けど』とあるから、variousの前にalthoughか、カンマの後ろにbut？　夢の実現は、dreams come true？　近づいている――は、approachingかしら……でも、それだと、うまくつながらない……」

「トレーニングをする時には、英文とその日本語訳をセットで用意する。この場合なら、模範解答は、こんな英文になる。これが唯一の正解じゃないけどね」

After many twists and turns, Kimiko is realizing her dream.

「まず、『カンニング英訳』というのは、わからないところがあれば正解の英文をチラ見でカンニングしながら日本語の文章を英訳すること。何度カンニングしてもいいけど、最終的には、カンニングなしで日本語から正解の英文を再現できるところまで仕上げる。その次に、なにも文字を見ずに、この英文を『スムーズ暗唱』できるようにする」

「その『スムーズ暗唱』というのは、ふつうの暗唱とは違うの？」

「日本人の英語学習者にとって暗唱はハードルが高いから、たとえ、たどたどしいものでも、とにかく暗唱できたら満足してしまうケースが多くある。だけど、それでは暗唱を仕上げたとは言えないので、スムーズに暗唱できるまでくり返す。そのルールを忘れないようにするための名称なんだ。さあ、やってみて。暗唱にトライする最中に忘れたら、『カンニング暗唱』を経由してもいいよ」

一希に言われて、先ほどの日本語例文から「カンニング英訳」できるところまで仕上げました。文章は覚えたつもりですが、暗唱できるでしょうか。

「えー……After twist and……あ、複数形だったかしら？ many twists and turns……で、Kimikoがdreams……じゃなくて、先にrealizingで、Kimiko is realizing the dream……あ、her dreamか。……続けて言うと、After twist……many twists and turns……Kimiko is realizing the dream……her dream. After many twists and turns……Kimiko is realizing her dream……. もう少しでできそう。After many twists and turns, Kimiko is realizing her dream. やったー！　できたー！」

「もしリスニングやリーディングで、理解しにくいと感じる英文に出会ったら、この『カンニング英訳』と『スムーズ暗唱』を組み合わせるトレーニングをすればいい。慣れてきたら、いきなり『スムーズ暗唱』してもいい。『スムーズ暗唱』できるようになった英文は、スピーキングやライティングでアウトプットできるし、リスニングやリーディングでは余裕で高速処理できる。つまり、このトレーニングによって、英語の4技能を同時に鍛え続けることができるんだ。そして、満点達成後も有効な、もっとも効果のあるトレーニングなんだ」

かつてわたしよりスコアが低く、帰国子女の女子にバカにされて1度は泣きながら「TOEICをやめる」と言っていた一希が、今やTOEIC満点ホルダーの講師として堂々とわたしにレクチャーしてくれていることが、母親として本当に嬉しく感じられました。一希が二人三脚で伴走してくれるなら、たとえどんなに大変でも、わたしは990点にたどり着ける気がします。

夫も一希から教わればいい、と思い、そう言っているのですが、父親としてのプライドか、「私はマイペースで学習したいんだ」と言って譲りません。そんなところも彼らしいので、一希とわたしは、笑って理解しています。

わたし自身が990点を獲得したいのと同じくらい強い気持ちで、夫には、なんとか900点を突破してほしいと、心から祈っています。

H38

夢のスコアに到達できるのか

　エリカさんが松乃部長の息子さんの奥さんだと判明したことが、オレにとっては明らかにプラスに働いていると感じられる。以前のオレにとって彼女は、正体の知れない存在で、たとえオレを「ご主人様」と敬ってくれても、それはお仕事として割り切ったサービスであることは、もちろん理解していた。彼女の存在は、ゲームのキャラクターのようにバーチャルに感じられた面もあった。だからこそ、生身の人間として彼女がすぐ近くに実在していることを目撃してしまった時、オレは、わけがわからなくなり、自分を見失ったのだ。

　今は、違う。彼女の設定を「メイド」から「秘書」に変更したのはオレから彼女への敬意であり、今では彼女の素性もわかっている。彼女がオレの人生にまったく関係のない赤の他人なら、オレたちの関係がおかしくなり崩壊しても仕方ないが、尊敬する部長の義理の娘さんである以上、彼女にも礼節をもって接したいし、彼女から評価されることで、延《ひ》いては部長から認められたい気持ちもある。

　目標を９９０点に引き上げたことも、プラスに働いた。以前のオレの自己ベストは８６５点だったので、９００点は、もはや不可能ではない目標になっていた。このまま学習すれば、そのうち届くだろう、という甘えが心のどこかにあったかもしれない。だが、990点となれば、まだはるかに遠い世界である。

ＴＯＥＩＣテストの頂上である990点を本気で目ざすと決めたことで、オレのふだんの学習への集中度と真剣度はケタ違いに跳ね上がった。通算14回目のＴＯＥＩＣでは、初めて時間内に全問を解き終えられた。そして、結果発表の日、職場のオレのパソコン画面に表示されたスコアは――。

リスニング 450 ｜ リーディング 435 ｜ トータル 885

リスニングとリーディングで、それぞれ自己ベストを10点ずつ更新、トータルでは20点更新する885点！　前回は755点まで落ち込んでしまったことを考えると、オレ自身も驚くV字回復だった。

「ちょっ――叶ちゃん、マジかよぉ！　心配してソンしたぞ！」

黒井さんは、右手で顔を覆い、指の隙間からオレのスコアを覗いていた。

「そう言う黒井さんは、どうだったんですか？」

「ちっ、余裕ぶりやがって……。オレは自己ベストの860点だったよ」

「えーっ、すごいじゃないですか！　おめでとうございます！」

「そう言う叶ちゃんのほうが、スコアが上だろ。嫌味な奴――」

八代さんが早足で、松乃部長は、ゆっくりとオレの席へやって来る。

「おふたりとも、おめでとうございます！　わたしも、少し自己ベストを更新して、今回は叶さんと同点でした――！　８８５点です！」

「みんな、がんばって成果を出しているね。私は、８９０点だったよ」

「部長の安定感も、すさまじいっすね。ブレない、つーか――」

「黒井くん、それってホメ言葉？　変化に乏しいと、面白みに欠けるがね」

部長はハイスコアで安定し、ほかの３人は全員ベストスコアを更新して、しあわせな空気だった。前にもあったけれど、こういう瞬間は、何度体験しても良いものだ。最初は、オレをバカにするのが目的だったかもしれないが、「ＴＯＥＩＣ部」に誘ってくれた黒井さんには、今では感謝の気持ちもある。彼を見返したい気持ちがなければ、ここまでくることはできなかったかもしれない。

「でも、いつも９００点寸前の部長でさえ、なかなか超えられない『９００点の壁』を、わたしたちは超えられるのでしょうか？」

八代さんのなにげない一言が、オレの耳と記憶に残った。

たしかに、そうだ。部長は、オレがＴＯＥＩＣを受験する前から、ベストスコアは８９０点だった。この１年と数か月のあいだに、オレは初受験の１７０点から８８５点まで高めてきたのだが、部長は今も９００点は超せていない。そう考えると、「９００点の壁」は、生半可な覚悟では超せない気がする。だからこそ、それは全受験者の３％しか獲得できない「夢のスコア」なのだ。

黒井さんも、考え込むように、珍しく神妙な顔つきになっている。でも、部長本人は、あいかわらず、いつものようにマイペースを崩さなかった。

「すんなり９００点を超える人たちもいる。きみたちには期待しているよ」

K38

最後は無心で挑むしかない

一希が伝授してくれた「カンニング英訳」と「スムーズ暗唱」をトレーニングの基本にしてから、自分の英語力の精度が、さらに劇的に高まり始めたのが感じられました。聴いたり読んだりする時にはわかる英文も、自分でアウトプットしようとすると、なかなかできないものです。でも、「カンニング英訳」と「スムーズ暗唱」をくり返していると、初見では難しいと感じた英文を自分でアウトプットできるようになり、自分の弱点が、どんどん小さくなっていくのがわかりました。自分でアウトプットできる英文は、難なく聴き取れ読めるので、TOEICの英文処理で苦痛を感じることはほとんどなくなり、今では毎回数分余るようになりました。余裕を持って解けるようになるとミスも減り、わたしのスコアは960……970……と上がり続け、通算30回目の受験――。

リスニング 495 ― リーディング 490 ― トータル 985

ついに、あと1問正解で満点というところまで到達しました。

この成果に、今やわたしの先生である一希と、その奥さんのエリカさんは、わざわざお祝いのために、わたしたちの家まで来てくれました。夫も含めての夕食の席で、息子夫妻がわたしの達成をものすごく祝福してくれたので、もしかしてわたしは990点を達成したのかしら……と錯覚するほどでした。

「これで希美子まで990点を達成したら、満点ホルダーでないのは私だけになってしまうね。しかも、私は、まだ895点だ。たったあと5点なのに、もう一生、900点を達成できないような気がしてきたよ」

「お父様、そんなことおっしゃらないでください」

エリカさんが悲しそうな顔をする横で、一希は、わたしを見ました。

「895点で『寸止め』される人は多いんだけど、実は、985点まで到達してから何年も990点を獲得できず、あと5点で満点のところで卒業してしまう人も多い。せっかくここまで来たんだから、母さんには、ぜひ990点を獲ってほしい。もちろん、父さんの900点もだけど――」

「わたしとしても、ここまで来たら、それは獲りたいわよ」

わたしの言葉に一希はうなずき、真剣な表情で続けました。

「もちろん、獲りたい気持ちは大切だけど、990点は『ねらいすぎると獲れない』とも言われている。つまり、人間は、ミスをしてはいけないと思い込みすぎると、ミスをしてしまうんだ。だから、ほんとは無心で臨むのがベストだ」

「一希、無茶を言わないでよ。無心で――なんて、難しいわ」

「雑念が生じないくらい集中する、ってことだけど」

一希は、じっとわたしを見て語っていましたが、もしかしたら、それは、夫へのメッセージなのかもしれません。総合的な人間力で言えば、夫のほうがわたしよりもはるかに優れているのですが、夫は、仕事のことでかなりいろいろと気を遣っているので、わたしほどＴＯＥＩＣに没頭できない面はあるのだと思います。わたしにとっての９９０点と、夫の９００点は、同じくらい難しいかもしれません。夫自身も、そんなことは、たぶん百も承知なのですが……。

H39

自分の限界を超える方法

９９０点をねらう上でも、まずは９００点が最初の関門となる。９００点を目ざす心構えについて、オレは、エリカさんにアドバイスを求めた。今は有能な秘書っぽい外見のエリカさんは、画面の向こうからまっすぐオレを見つめた。

「９００点――に限りませんが、自分の現在の能力より少し上の壁を突破するための秘訣は、大きく、ふたつあります。ひとつめは、『必死になること』。もうひとつは、『期間限定でもいいから、優先順位の1位にすること』――です」

「『必死になること』と、『優先順位の1位にすること』……？」

ピンとこなかったので、オレは、おうむ返しに言った。

「はい。まず、『必死になること』ですが、たとえば、就職活動や大学受験などで、ここで自分の人生が決まるかもしれない――という時には、だれしも、ものすごく必死になるはずなのです。ところが、社会人になり、いろんな経験を積み重ねるにつれて、人は、なかなか必死になれなくなります。でも、必死にならない限り、自分の限界の壁を超えて成長することはできないのです」

その話は、耳が痛かった。オレは今まで、自分なりに必死で学習してきたつもりだった。だけど、今回のＴＯＥＩＣで自分の人生が決まるかもしれない――というほどの必死さには、なれていなかった。いろんなことに慣れすぎたこの年齢で、今から必死になれるのかはわからないが、せっかくアドバイスしてもらったので、大学受験や就職活動の時のように必死でやってみよう。

「もうひとつ、『期間限定でもいいから、優先順位の1位にすること』について。人は、だれでも、人生のさまざまなタスクに優先順位をつけて、その上位のものから取り組んでいきます。家族が1位の人、仕事が1位の人、趣味が1位の人……それぞれですが、自分の限界の壁を超える時には、たとえ期間限定でもいいから、ＴＯＥＩＣを優先順位の1位にしない限り難しい、ということです」

エリカさんの言うことは納得できる。ＴＯＥＩＣを優先順位の1位にする、ってことは、極端な話、ここぞという回のテストの前に休みを取って、仕事よりＴＯＥＩＣを優先するようなことがあってもいい、ってことだ。毎回それだと社会人として問題があるかもしれないが、期間限定なら、不可能ではない。

そこまで必死にやったら、たしかに、さすがに達成できる気がする。オレたちがなにかの目標を達成できない時、実は、１００％の力を出し切っていない、というケースが、けっこうあるのかもしれない。そんな気もした。

同時に、エリカさんの言葉は、彼女の義理の父である松乃部長へのアドバイスとしても当てはまる気がした。オレは松乃部長を昔から尊敬しているが、それは、部長が、いついかなる時もブレない、抜群の安定感があるからだ。でも、それはＴＯＥＩＣにおいてはマイナスとなることもあるのかもしれない。少なくとも、部長は大学受験や就職活動のように必死でＴＯＥＩＣを受けることは絶対にないだろうし、ＴＯＥＩＣを優先順位1位にすることもなさそうだから。

逆に、オレの場合は、いまだに青二才を自認している未熟な奴だから、いつでも必死になれるし、ＴＯＥＩＣを優先順位1位にすることもできる。オレのような落ちこぼれのほうが、捨て身で臨める点は有利かもしれない。

オレの確信は、結果となって表れた。

通算15回目となるＴＯＥＩＣの結果は——。

リスニング ４８０
リーディング ４４５
トータル ９２５

ついに、９００点突破！　だが、オレは自分を見失うことはなかった。なぜなら、今のオレには９００点も通過点でしかなかったからだ。

同じ回で、八代さんは９１０点、黒井さんも９００点で、３人同時に大台に乗せられたのは、信じられないほど大きな成果だった。

その回の松乃部長は、８９５点――。それでも、部長は、「私は、あくまでマイペースで続けるだけだから」と寂しそうに笑うだけだった。

K39

満天の星のように輝く数字

時が経つのは早く、気がつくと、かなりの時間が流れていました……。

TOEICを受け始めた時には、こんな日が来るとは夢にも思いませんでしたが、今日は、わたしたちの家で、ユニークな顔ぶれのホームパーティーが行われます。わたしと夫、息子・一希とエリカさん夫妻と、夫の部下で「TOEIC部」のメンバーの黒井さん、叶さん、八代さんです。

初対面の人たち同士は最初に挨拶して、ケータリングで注文した軽食やドリンクをお供に、わたしたちは、TOEICで結びつけられた人たちとの交流を楽しんでいました。夫の部下・叶さんは、オンライン英語塾OEJでエリカさんに教わっていたらしく、以前であれば会えなかったのですが、先日、叶さんがOEJを卒業されたことで、初めてリアルでの対面が実現しました。楽しそうに話すふたりを見ていると、わたしまでしあわせな気持ちになり、同時に、ケンエイくんのことを思い出して、久しぶりに切ない気持ちにもなりました。

「部長！　ついに、やりましたね！　900点！　ほんとに良かった！」

「部長なら、990点にも、いつかマイペースでたどり着きそうです」

夫を祝福してくれているのは、黒井さんと八代さんです。夫の部下の彼らも今では900点台の後半で、満点をねらえるところまで来ています。そう考えると、今、この家にいる人たちのTOEICスコア平均は900点台後半ですので、かなり濃い空間だと言えそうです。

インターフォンが鳴って出ると、予想外の人物が立っていました。

「希美子さん、ご無沙汰しています。一希くんからお誘いいただきました」

花束を手にそこに立っているのは——ケンエイくん！

「えっ……⁉　でも、なんで？　どうして……？」

わたしはパニックになりながら、目には涙があふれていました。ケンエイくんは、かつての彼のように、やさしくわたしを見てくれていたからです。

「オレがケンエイ先輩を呼んだんだよ。もう会っても問題ないだろ？」

わたしの背後でそう言ったのは、一希です。ふり返ると、一希がわたしたちのほうへシャンパングラスを掲げウインクしていました。わたしの息子は、いつの間に、こんなシャレたことができるようになったのでしょう。

「希美子さん、その節は、申しわけありませんでした」

ケンエイくんはそう言って、わたしに深々とあたまを下げます。

「そんな、やめて――いえ、やめてください、ケンエイくん――さん」

「『くん』でいいですよ。あの頃みたいに呼んでください」

顔を上げて微笑するケンエイくんは、あの頃のままの彼でした。

わたしはケンエイくんから花束を受け取り、彼にエスコートされて、部屋の中央に進みます。ちょうどそこで、エリカさんといっしょに叶さんが、夫も部下ふたりといっしょに、わたしたちのほうへ集まってきました。

「せっかくなので、スコアシートを見てもらおうか」

夫が９００点突破の記念すべきスコアシートを取り出すと、一同から拍手と喝采が沸き起こりました。そして、わたしと叶さんも、ほとんど同時に、わたしたちのスコアシートを取り出します。

「それにしても、まさか、ふたり同時に獲るとはね――」

夫が、信じられないように、感心したように言いました。

「『ＴＯＥＩＣの神様』って、やっぱり、いるんじゃないの？」

一希が言って、みんなが楽しそうに笑います。

わたしと叶さんは、自分のスコアシートを、みんなに見せました。

どちらのスコアシートにも、同一のスコアが記されていました。
わたしたちにとって、いちばん美しい数字の並び――。

リスニング495　リーディング495　トータル990

みんなのしあわせな声が、部屋中に響き渡りました。
「TOEIC満点達成、おめでとうございます――！」

（完）

Epilogue Summary

目標とされていたスコアの達成、おめでとうございます！

自分が学んだ知識を他人に「教える」ことで、その知識は、より強固に身につけられます。完全に身につけていないことは、他人に教えることができないからです。

900点を最終目標にしていると、なかなかたどり着けませんが、990点を本気でねらった学習をすれば、900点をスムーズに通過できる確率は劇的に高まります。

リスニングやリーディングで、すぐに理解できない英文に出会った際は、その日本語訳から英訳をトライします。うまく英訳できない時には、正解の英文をチラ見する「カンニング英訳」で構いません。そうして英訳できるようになった英文を、1文ぜんぶ詰まらずに文字を見ずに自分で声に出して再現する「スムーズ暗唱」ができるように、くり返しトライします。「スムーズ暗唱」できるようになった英文は、スピーキングやライティングで自分でもアウトプットできるだけでなく、リスニングやリーディングの際に余裕で処理できるので、英語の４技能を同時に高め続けることができます。このトレーニングは、TOEIC990点を目ざす上でとても効果的であるだけでなく、990点を獲得したあとに英語力を高め続ける際にも効果絶大です。

900点や990点など、ふつうの学習では、なかなか達成できない「壁」に挑む際には、大学受験や就職活動のように、ここで自分の人生が決まるというくらい「必死になること」。そして、その「壁」に挑むあいだだけ、たとえ期間限定でもいいので、TOEICを優先順位の１位にすることが大切です。

ワタクシどもOEJがこれまで提案させていただいた英語勉強法が、あなたの英語学習に少しでもお役に立てたのなら、そんなにも嬉しいことはありません。今後のあなたの人生が、OEJで身につけた英語力を活かして素晴らしいものとなりますように、心より、お祈り申し上げます。

長らくOEJをご利用いただき、本当に、ありがとうございました！

オンライン英語塾　OEJより

あとがき

あなたに伝えたい、たったひとつのこと

本書『きみと行く 満天の星の彼方へ』のストーリーを通して、筆者（清涼院流水）が読者のあなたにお伝えしたいことは、たったひとつ。**「自分にもできるはず、と信じられれば、あなたも必ず英語ができるようになります」**ということに尽きます。それだけを言いたくて、この本を書いたようなものです。

本書の主人公である英人や希美子のように、「英語力ゼロ」や、それに近い状態から学習をスタートさせて、ＴＯＥＩＣを活用して英語力を高め、やがて英語を自由自在に使いこなせるようになる――というケースは、決して珍しい事例ではありません。そして、そんな夢のような成功を実現させる上で、特別な才能や環境は必要ないのです。英語学習の成功に必要なことは、ただひとつ。「自分にもできるはず」と信じる心だけです。

近年はお子さんの英語学習に熱心な親御さんが多いので、子供の時から英語に抵抗感のない若者が増え続けているかもしれません。近い将来、英語は「話せてあたりまえ」の時代になるでしょう。ですが、本書で英人が述べているように、筆者の学生時代には、リスニングの科目や試験すらなく、外国人教師など見たこともなく、現代と比べて日本の英語

教育は極めて未成熟でした。筆者と同世代（1970年代生まれ）以上の年齢層には、あるいは下の世代の方であっても、英語に根深い苦手意識を持たれている方は多いのではないかと思います。

筆者自身、社会に出て数年後には学生時代の記憶はリセットされ、最初はまさに本書の英人と大差ない「英語力ゼロ」の境地からスタートしたのですが、のちにTOEIC満点を5回獲得し、今では日本人作家の小説を毎日英訳し続けているので、かつて英語ができなかったことをなかなか信じていただけないことも多くあります。ですが、それは筆者だけの特別な成功例ではなく、かつて筆者が主宰していた「社会人英語部」という学習サークルでは、多くの学習者が「英語力ゼロ」からスタートして、ほとんどのメンバーがTOEIC900点を超えました。努力を積み重ねて990点を獲得した仲間も、何人もいます。

すべての英語学習者にとって、TOEIC900点や990点は、まさに「夢のスコア」で、そのスコアを獲得したおかげで転職に成功するなど、人生が激変するケースも珍しくありません。筆者自身、TOEICを活用して英語力を高め続けたことで、今では英語勉強法の本を何冊も出版し、日本語の小説を苦もなく毎日英訳できるようになったのです。かつて英語ができなかった自分からすると、現在、目にしているのは夢のような光景です。たまに、本当の自分は今でも英語ができないままで、自分は英語が得意になった夢を見ているだけなのではないか……と思うことさえ実際にあります。この夢のような光景が現実である幸せを噛みしめると、かつて「英語力ゼロ」だった頃、自分の英語人生をあきらめず、最初の1歩を踏み出して良かった――と、しみじみ思うのです。

英語ができない人にとって、英語学習がどれだけ難しく、苦しく感じられることであるかを、筆者は、よく知っています。なぜなら自分自身がかつてそれを嫌というほど経験しているからで、本書でも登場人物を通して描いている「英語ができない苦悩」は、学生時代に英語が得意だった方には、想像することさえできない境地かもしれません。筆者がその気持ちを理解できることこそ、自分がかつてその世界の住人だった、なによりの証拠です。

だから、今のあなたが本書の英人や希美子のように「英語力ゼロ」か、それに近いレベルであっても――また、どのような境遇にあり、何歳であっても、なにも問題はありません。あなたも彼らと同じ道を通って成功することは可能です。

本書を読まれたあなたが、「自分にもできるはず」と思ってくだされば、筆者としては、それ以上の喜びはありません。もちろん、最初から「できるはず」と信じるのは、なかなか難しいことです。多くの学習者と接してきて、その難しさも、よく知っています。でも、最初は一時的でも良いので、「できるかも」と、ほんの少しだけ意識を変えてみることなら、できるのではないでしょうか。それが最初の1歩となり、そこからゆっくりと歩み始めれば、「できるかも」は、やがて「できるはず」という確信に成長します。ご自分の可能性を本気で信じられるようになるのにつれて、自然に結果がついてくるようになります。

ここで改めて強調したい点として、英語学習においては、それぞれのレベルに応じた「正しい勉強法」が重要になります。たとえば、ＴＯＥＩＣであれば、「模試や問題集を解きまくる」といった上級者の勉強法のマネをしても、初級者は成長できず、かえって自信を喪失するだけです。初級者には初級者にふさわしい学習法（単語や文法の基礎固め）が必要で、中級者に成長すると、それは、もはや「正しい勉強法」ではなくなります。本書では、初級者から上級者まで、それぞれの段階ごとの理想の学習法をご紹介していますので、英人と希美子のその時々のレベルを基準に、ぜひ、ご参考になさってください。

参考書や問題集の選び方についても本書でご紹介していますが、大切なのは、ご自分に合った本を見つけることで、そこさえクリアしていれば、どの本を使うかは大して重要ではありません。多少の優劣があるにしても、書店さんに並んでいる本は、内容に価値のあるものばかりです（そうでなければ、そもそも出版されていません）。ですから、あなたと相性の良い本であれば、どの本を使っても効果は出るはずです。逆に言えば、どれだけ評判の良い本でも、あなたに個人的に合わない本もありうることは、ご注意いただく必要があります。有名な本を使っても結果が出ない時には、その本があなたに合っていない可能性があります。お気に入りの本を見つけられたら、それだけで成功に大きく近づきます。

そして、英語学習において、なにより重要なのは、本書で描いている「ドリーム・キラー」の存在に気をつけていただくことです。あなたがどれだけヤル気にあふれていても、「ドリーム・キラー」が近くにいては、ヤル気を削がれて学習の能率が悪くなってしまいますし、最悪、その人物のせいで挫折してしまうことさえ考えられます。「ドリーム・キラー」にはなにを言ってもムダなので（相手の性格を変えるのは難しいので）、悪影響を受けないように、そういう人物は意識して遠ざけてください。もし日常生活で会わざるをえない人物であれば、その相手に対して心を閉ざすだけでも、防御することができます。

オンライン英語塾ＯＥＪは残念ながら実在しませんが、「こういう塾があったら良いのにな……」という理想を込めて描きました。実在しないと知ってガッカリされる方がいらっしゃるかもしれませんが、本書の中の世界にはＯＥＪがたしかに実在していますので、あなたが英語学習に迷われた時には、いつでもこの場所に戻ってきて、エリカやケンエイの授業から何度でも学びや気づきを得ていただけることを期待しています。

最後に、本書はプチ・レトル株式会社（発行所名：リチェンジ）の谷口一真代表と、人気英語講師&著者「タニケイ」こと谷口恵子さんご夫妻から依頼されて、執筆したものです。内容の濃いミーティングの場を定期的に設けてくださり、そのつど適切なフィードバックとリクエストで本書を最良の形に導いてくださった谷口ご夫妻に、この場をお借りして、謹んで感謝申し上げます。本当に、ありがとうございました。

本書を読み終えられたあなたの英語学習が、満天の星のように輝かしい成功へと結びつきますように、心から祈っています。

２０１９年（令和元年）９月

清涼院流水 拝

巻末付録

OEJ に学ぶ！ スコア別 TOEIC 学習のコツ

英語は、やみくもに勉強しても成果が出ているのかわかりにくいものです。そこで、ベストタイム更新を目ざすアスリートのように、TOEICスコア更新を目標にして学習していきましょう！

600 点の壁を超えるために

TOEIC学習者にとって、第1の関門となるのが600点の壁。600点を超えるために必要なのは**「単語力と文法力の基礎」**です。まずは、本屋さんで**英単語と英文法の本**を1冊ずつ購入して、学習をスタートしましょう。

＊良書に出会うためのコツは、「奥付」をチェック

本の後ろのほうにある**「奥付」**と呼ばれるページには、その本の発行日と刷られた回数が書かれています。何年も前に出た本なのに、本屋さんで平積みになっていたり、何回も刷られている本であれば、良書である可能性が高いでしょう。

＊英単語は1秒以内に答えられるまでくり返す

英単語を覚える時は、「綴りを見て、発音と日本語の意味が1秒以内に浮かぶまで」、また「日本語の意味から英単語の綴りと発音を1秒以内に思い浮かべられるまで」くり返しましょう。

＊英文法はわからないことを放置しない

文法書は最初から順に読み進め、わからないことにぶつかったら、わかっているところまで必ず戻るようにしましょう。この妥協しない姿勢が、英文法をきちんと身につけるためには必須です！

文法書をひと通り読んだら、TOEICの文法問題集を解いてみましょう。自分の苦手な文法項目があれば、文法書で該当箇所を何度も読み返します。また、問題集の解説を読む時には、正解を理解して終わりではなく、不正解の選択肢がなぜ間違いなのか、その理由を自分で説明できることが理想です。

＊復習は仕組み化しよう

「時間ができた時に復習しよう」と考えていると、復習はどうしてもおろそかになりがち。「30分勉強するなら、最後の5分は復習の時間」と決めて復習を仕組み化すると、毎回自然と復習できるようになります。

800点の壁を超えるために

600点を突破したら、もうTOEIC初級者は卒業です！ ここからは、TOEIC受験者のバイブル**「公式問題集」**を使って学習していきましょう。時間のある日にまとめて学習するよりも、短時間でも毎日こつこつ学習を継続するほうが、効果は大きくなります。

＊公式問題集の「わからない」を潰そう

TOEICで出題される単語と文法の95%は毎回共通していて、その法則は公式問題集も同じ。つまり公式問題集を100%理解すれば、本番のTOEICで知らない単語や文法はないも同然です！ 公式問題集を使って、わからない単語と文法がなくなるまでくり返し復習しましょう。

1冊完璧に仕上げれば、TOEICでレベルBと認定される730点の突破が見えてきます。同じ要領で複数冊仕上げていけば、さらに上級の800点への道が拓けます。

＊同じ英文をくり返し聴いて読んで、英語を刷り込もう

初級者や中級者の段階で、意味のわからない英文を「多聴」「多読」しても、まったく効果がありません。まずは、きちんと理解した英文を、何度も聴いて何度も読みましょう。ひとつの英文を何度もくり返し刷り込むことで、初めてその英文をマスターでき、次に似たような英文に出会った時にも、速く精確に処理できるようになります。

＊公式問題集は縮小コピーして持ち運ぼう

公式問題集は、75%に縮小コピーすると見開きページがA4用紙1枚におさまります。リーディングセクションは、問題をコピーして持ち歩き、1日1枚（公式問題集の見開きひとつぶん）を毎日復習しましょう。

800点台でスコアを伸ばし続けるために

800点を超えたあたりから、なかなかスコアが伸びづらくなってくるでしょう。さらに上を目ざすには、リスニングもリーディングも「なんとなく理解している」状態では不十分。800点台でスコアを高め続けるには、質よりも**「学習の量」**が重要になります。質もおろそかにしすぎない程度に、学習の量を少しずつ増やしていけたら、800点台のあいだは、順調にスコアを高めていくことができます。引き続き、公式問題集をベースに学習を進めていきましょう。

＊リスニングは、ディクテーションで自分の苦手を発見

リスニング用の英語音声を1文、1回だけ流して、聴き取れた文を紙に書き取ってみましょう。この作業を**ディクテーション**と呼びます。完全に書き取れなかった場合、虫食いになった箇所が精確に聴き取れていない弱点です。テキストを見ながらその1文を書き写し、きちんと理解していない単語や文法があれば調べましょう。

そのあと、再度音声を流し、その音声に重ねるように音読する**オーヴァーラッピング**を行います。この時、お経のように棒読みする「お経音読」ではなく、俳優のように感情をこめて読む「俳優音読」を目ざしましょう。

＊リーディングも、音読することで定着させられる

リーディングにも音読が効果的です。公式問題集の復習時に、リーディングの英文を読み返し、読んですぐに理解できない英文に出会ったら、それを1文書き写しましょう。その中に、きちんと理解していない単語や文法があれば調べます。そして、リスニング同様、音読をくり返して、英文を自分の中に定着させましょう。

900点の壁を超えるために

TOEIC全受験者の3%しか達成することのできない900点！900点を突破するためには、800点台までの学習の延長ではなく、**非連続の飛躍が必要**になります。つまり**「オーヴァー・ラーニング」（過剰学習）**を行うのです。普段から負荷をかけた状態で学習をすることで、TOEIC本番で速く精確に解答できるようになります。

＊リスニングは1.2倍～1.5倍速で100%聴き取る

リスニングの復習時には、音声を1.2倍～1.5倍速で聴くことを基準にしましょう。この速さでも、すべての単語を聴き取れて、文法も理解できるまで徹底し、最終的には家事や散歩をしながらでも、100%理解できる状態を目ざします。

ただし、速いスピードで聴いていると、音を聴くことに集中しすぎて、「理解する」ことがおろそかになりがちです。**「音を聴くと同時に理解」**できているかどうか、常にチェックしましょう。音と同時に理解できない英文があれば、音読をしながら意味を理解できるように練習するのが効果的です。

＊文法問題100問以上を一気に解く

パート5の問題が100問以上載っている文法問題集を用意し、1度すべての問題を解き、単語と文法を理解します。そのあと、100問～150問をワンセットで一気に解くトレーニングをしていきます。この時、たとえ答えを覚えていても、きちんと問題と選択肢を見て、答えを論理的に導き出すようにしましょう。そして、100問～150問を一気に解いた時間を毎回測り、少しずつ速く解くことを目指す「タイム・トライアル」を何度もくり返しながら、高速で100数十問解いても、ほとんどミスをしない境地に仕上げていきます。

990点（満点）に到達するために

TOEIC990点のような、ふつうの学習ではなかなか達成できない「壁」に挑むには、大学受験や就職活動のように、ここで自分の人生が決まるというくらい**「必死になる」**ことが重要です。たとえ期間限定でも構わないので、その「壁」に挑むあいだは、**TOEICを優先順位の1位**にしましょう！

＊「カンニング英訳」と「スムーズ暗唱」が効果絶大！

「カンニング英訳」と「スムーズ暗唱」は、日本語の文を英訳し、スムーズに言えるようにするためのトレーニング方法です。スムーズに言えるようになった英文は、スピーキングやライティングでのアウトプットにも使えますし、リスニングやリーディングで英文を高速処理するのにも役立ちます。英語の4技能を同時に鍛えることができるので、TOEIC満点を達成するのに効果的なだけでなく、そのあと英語力を高め続けていく時にも効果絶大です。

「カンニング英訳」のトレーニングをするためには、英文とその日本語訳をセットで用意します。そして、日本語のほうを見ながら、その文を英訳していきます。わからないところは、正解の英文をチラ見（カンニング）しながら進めましょう。最終的には、カンニングせずに1文を英語で言えるようにします。

その次は「スムーズ暗唱」です。先ほど英訳した1文を、文字を全く見ずにスムーズに言えるように練習します。ポイントは、「スムーズに言えるまでくり返す」ことです。たどたどしくても暗唱できているからと満足してしまうと、なかなか英文が定着しません。途中で忘れてしまったら「カンニング英訳」に戻って構わないので、スムーズに暗唱できるようになるまで何度もくり返しましょう！

[著者]

清涼院 流水（せいりょういん・りゅうすい）

1974 年 8 月 9 日、兵庫県西宮市生まれ。TOEIC スコア : 990（満点）を 5 回獲得。
京都大学在学中の 1996 年、『コズミック』で第 2 回メフィスト賞を受賞し作家デビュー。
30 代から英語学習に開眼し、2009 年、TOEIC テストでスコアアップを目指す仲間との「社会人英語部」を発足。自身は TOEIC スコア 990（満点）を取得するとともに、のべ 65 人のメンバーを平均 900 点台へ導く。
日本人の小説家やビジネス書著者の作品を英訳して全世界に発信するサイト「The BBB」を 2012 年 12 月にオープンし、著者、英訳者、編集者として、これまでに 170 作品以上の電子書籍を刊行。

英語学習関連の著書として、世界初の TOEIC 小説『不思議の国のグプタ』（アルク）、実在の英語学習者たちを描いたノンフィクション『社会人英語部の衝撃』（KADOKAWA）、『努力したぶんだけ魔法のように成果が出る英語勉強法』（PHP 研究所）、『ＴＯＥＩＣ® テスト３００点から９９０点へ、「７つの壁」を突破するブレイクスルー英語勉強法』（講談社）、近著に『感涙ストーリーで一気に覚える英単語 3000』（明日香出版社）、『50 歳から始める英語』（幻冬舎新書）などがある。

きみと行く 満天の星の彼方へ

2019 年 12 月 1 日　第 1 刷発行

著者	清涼院 流水
発行所	リチェンジ 〒115-0044 東京都北区赤羽南 2-6-6 スカイブリッジビル B1F http://rechange.info
編集	谷口 恵子 ／ 玉村 優香
装丁	藤原 夕貴
装画	しまざきジョゼ
本文デザイン	有限会社北路社
印刷・製本	中央精版印刷株式会社
発売元	星雲社（共同出版社・流通責任出版社） 〒112-0005 東京都文京区水道 1-3-30 TEL：03-3868-3275

ISBN978-4-434-26831-1　C0082
乱丁本・落丁本は送料小社負担にてお取り替えいたします。